LA SABIDURÍA DEL YOGA

Ramiro Calle

Ética
y conducta

Yama y Niyama

editorial Kairós

© 2025 by Ramiro Calle

© de la edición en castellano:
2025 by Editorial Kairós, S.A.
www.editorialkairos.com

Fotocomposición: Florence Carreté
Diseño cubierta: Katrien Van Steen
Impresión y encuadernación: Romanyà-Valls. 08786 Capellades

Primera edición: Septiembre 2025
ISBN: 978-84-1121-351-6
Depósito legal: B 9.855-2025

Sin amor todo es mal. La vida misma sin amor es un mal.

NISARGADATTA

Sumario

Nota del editor

Algún tiempo de los primeros siglos de la era común, vivió el sabio indio Patañjali. A él debemos la recopilación en poco menos de doscientos aforismos de una serie de enseñanzas y prácticas diversas y dispersas que compartían la etiqueta «yoga»; una sabiduría espiritual que se había ido gestando a lo largo de mil años.

Las *Upanishads* ya hablaban del yoga como «control de los sentidos», el budismo y el jainismo desarrollaron sus yogas, en el sentido de conjunto de prácticas espirituales (*marga*), como el famoso Noble Óctuple Sendero budista. La *Bhagavadgita* ahondaba en este significado amplio de yoga como «camino espiritual», proponiendo tres vías de progresión (conocimiento, acción y devoción).

Patañjali reunió en sus famosos *Yoga Sutras* gran parte de ese bagaje espiritual y filosófico. Lo denominó Kriya-Yoga (yoga de la acción) o Ashtanga-Yoga (yoga en ocho miembros). De esta forma, sistematizó una larga tradición espiritual, transmitida entre círculos de yoguis, ascetas y sabios, y le dio consistencia filosófica. Lo transformó en «punto de vista» (*darshana*), en clara sintonía con otra antigua escuela filosófica denominada Samkhya.

Sus *Yoga Sutras* fueron profusamente comentados. Las corrientes yóguicas posteriores tendieron a legitimarse y anclarse en los ocho miembros de Patañjali, incluso cuando la práctica yóguica se vio insuflada –primero– por las tradiciones tántricas, luego por la filosofía vedanta, y –a partir del siglo XX– por la eclosión de los nuevos yogas corporales. En todos los casos, el yoga en ocho miembros del legendario maestro ha quedado como referente ineludible de los yogas modernos.

Quién mejor que Ramiro Calle, pionero en la introducción y divulgación del yoga en lengua española, con una larguísima experiencia en interpretar, desgranar y facilitarnos lo más elevado de la cultura yóguica, para sumergirnos en la sabiduría de Patañjali. La serie que presentamos consta de cuatro libros concisos y esclarecedores que reúnen –en pares– los famosos ocho miembros que articulan la síntesis clásica del yoga.

El *Yama* y el *Niyama* versan sobre las predisposiciones éticas y de conducta del practicante; *Asana* y *Pranayama*, sobre las posturas y prácticas de respiración; *Dharana* y *Pratyahara*, abordan las técnicas de concentración y focalización, y *Dhyana* y *Samadhi*, finalmente, tienen que ver con la meditación yóguica y su culminación.

El conjunto representa una síntesis impagable acerca de la sabiduría yóguica; una milenaria tradición de acción espiritual que desborda con creces las prácticas posturales, pues las incluye en un programa liberador muy amplio, siempre abierto a múltiples interpretaciones y tradiciones.

AGUSTÍN PÁNIKER

Introducción

Todos los grandes maestros han coincidido en la necesidad de observar una ética o virtud genuinas que nada tienen que ver con la moralidad convencional y que cambian de acuerdo con las épocas, latitudes o gobiernos, aunque muchas veces no es una verdadera moral. Esta ética podría basarse en el principio inspirador, que dice: «Si no te gusta que te causen sufrimiento, no lo provoques, y si te gusta que te otorguen felicidad, prodúcela», o sea la tan repetida recomendación: «Quiere para los demás lo que desees para ti». ¡Qué diferente sería este planeta si procediéramos así! Todo esto formaría parte de la denominada disciplina moral o entrenamiento ético, en el que tanto abundó Buda y que llevaron a cabo con todo rigor, tanto él como Mahavira, pero que también ha estado presente en las diversas corrientes del yoga hindú y en las distintas técnicas de autorrealización de Oriente, hasta tal punto que se ha aseverado que no puede haber una satisfactoria evolución interior si no va acompañada de la virtud, lo que implica no causar sufrimiento a los seres sintientes.

Para Buda, la triple disciplina involucraba la ética, la mental y la del cultivo de la sabiduría o entendimiento correcto. Ponía mucho el énfasis en los llamados «estados sublimes de la mente» o «santas moradas», en los que tanto he investigado a lo largo de años, así como en las clases de meditación, que incluyo en un capítulo en esta obra por ser de una gran inspiración, pues son enseñanzas comunes a todas las disciplinas espirituales de Oriente. Asimismo, incorporo un apéndice muy concreto y práctico sobre los obstáculos que se presentan en el adiestramiento yóguico y que uno debe salvar para alcanzar la experiencia liberadora o *samadhi*. Por otro lado, he considerado oportuno incluir un tercer apéndice recogiendo algunos versículos del *Dhammapada*, pues son enseñanzas directas de Buda, que, según los expertos, son el manual ético más perfecto con el que contamos, que debería ser de obligada lectura para aquellas personas que observan cualquier credo definido.

Yama y *niyama* son los dos primeros grados de los ocho que nos brinda Patañjali, teniendo en cuenta que los siete primeros son los que nos van a conducir al octavo o *samadhi*, es decir, a la experiencia liberadora.

En este sentido, el yoga de Patañjali es un sendero ascendente, por un lado, y de profunda interiorización por otro. Ascendente, porque siguiendo esa senda o escalera arribaremos al tan anhelado *samadhi*, que es de profunda introspección, porque esa experiencia iluminadora no está fuera, sino dentro de cada uno de nosotros. Como nos recordaba Ramana Maharshi, la gracia viene también de adentro, pues sería el propio Sí-mismo cuando accedemos a él, la iluminación definitiva y el continuado establecimiento en ese Sí-mismo o *purusha*. Esa iluminación deviene cuando se alcanza el *samadhi* sin simiente, lo que provoca una mutación total de la consciencia y nos libera de los impulsos o latencias del inconsciente, proporcionando la verdadera libertad interior.

Como otros maestros de la autorrealización, Patañjali no solo apunta a la mente, sino que señala el *samadhi* como la meta ideal que alcanzar, procurando las enseñanzas, actitudes y métodos para hacerlo posible, por difícil que resulte. La persona que sigue las indicaciones de *yama* y *niyama*, observando una ética adecuada, tiene una vida interior y un ánimo mucho más favorables para conseguir la evolución consciente que aquella que no las sigue. Puesto que ese ánimo más sosegado ayuda a meditar mejor y a poner en práctica técnicas de introspección, ya que los pensamientos y sentimientos nocivos alteran psíquicamente y se convierten en obstáculos y en graves impedimentos para avanzar en la senda de la evolución consciente. No se trata solo de obtener un alto nivel de concentración, lo que es siempre deseable, sino que debe apoyarse en la virtud para poder alcanzar una real sabiduría.

La ausencia de ética y virtud genuinas es un gran obstáculo, pues favorece la ignorancia básica de la mente. Si no hay un corazón compasivo, es que no hay una mente lúcida, por mucho conocimiento o saber intelectual que se pueda tener. El verdadero discernimiento, tan necesario para progresar en la senda del yoga y de otras técnicas de autorrealización, requiere una mente clara y libre de tendencias emocionales nocivas.

En la senda del yoga, no se trata de observar solo algunos grados de los expuestos por Patañjali, sino todos, o sea los siete previos al *samadhi*, pues son igualmente importantes y necesarios. Aunque a menudo los practicantes de yoga desconocen los dos primeros, *yama* y *niyama*, que son muy necesarios para el verdadero desarrollo espiritual y que, si se observan, se podrá comprobar cuánto ayudan para atender a los otros miembros yóguicos mostrados por Patañjali.

Sin embargo, *yama* y *niyama* implican más que una ética genuina, pues son también un conjunto de actitudes, enfoques y cualidades constructivas, además de técnicas de purificación. Tal como iremos comprobando en las páginas sucesivas, es evidente la importancia del yoga en el pensamiento sano, pues somos en parte lo que pensamos y el resultado de nuestros pensamientos. Aquellas tendencias insanas más enraizadas condicionan nuestras conductas mentales y emocionales y, por lo tanto, nos esclavizan y nos convierten en marionetas de nuestras latencias o impregnaciones subconscientes.

Yama y *niyama* ayudan a disipar la ofuscación mental y a desarrollar un entendimiento correcto, ¿Cómo puede discernir con alguna solvencia o fiabilidad quien se deja condicionar por la rabia, los celos, la profunda insatisfacción y la ambición desmesurada, si está esclavizado por una profunda insatisfacción, la avidez, el apego sensorial o el aborrecimiento? *Yama* y *niyama* son actitudes y estados mentales y emocionales que ayudan a purificar todo el sistema, así como las conductas subyacentes. Debemos entender esta purificación en el sentido más profundo, en tanto que se trata de limpiar la contaminación de la psique y esas tendencias que, en lugar de permitirnos evolucionar y ser cooperantes, producen involución y nos hacen básicamente egoístas y muy a menudo destructivos.

Los sentimientos negativos son un obstáculo innegable, y para los que lo enfocan de esa manera son un generador de karma nocivo que desencadenará sufrimiento, mientras que el positivo crea bienestar. Esas cualidades negativas o tendencias insanas alejan la cualidad *sáttvica* o pura y aumentan la confusión, el desorden, el malestar y las fluctuaciones entre la cualidad *rajásica* (apego, ansiedad) y la cualidad *tamásica* (torpeza o inercia). Todo esto retrasa o estanca el progreso para lograr la desidentificación mediante el *sattva* (pureza) del Sí-mismo con las modificaciones mentales que deriva en más ignorancia y servidumbre. Sin una correcta discriminación (*viveka*) es imposible distinguir entre lo aparente y lo real, el ego y el Sí-mismo, por lo tanto, se perpetúa el estado de esclavitud, realimentándose las impurezas que cada día alejan más el *samadhi*. Además, si no hay *viveka* (discernimiento yóguico), no hay *vairagya* (desapego) y sin *viveka* y *vairagya* se ralentiza mucho el proceso de la autorrealización, además de generarse una gran masa de sufrimiento para uno mismo y para las otras criaturas. El control necesario sobre la mente también se hace más difícil, y se desaprovecha y malgasta mucha energía cuando los pensamientos nocivos y los sentimientos venenosos no son debilitados. Entonces los obstáculos más básicos se cronifican, siendo estos la ignorancia básica de la mente, el egocentrismo, la avidez, la aversión y el excesivo apego por la vida.

La práctica de la meditación es todavía más difícil y menos provechosa si no se atienden a *yama* y *niyama*, pues si los velos de la mente no se descorren, se perturba la visión y el discernimiento. Para llegar a la experiencia iluminativa, Patañjali nos propone un conjunto de claves y métodos que requieren un esfuerzo consistente. La aplicación de esas enseñanzas y métodos no solo nos libera de mucho sufrimiento inútil, sino que nos ayuda a superar la ciega y enajenante identificación del observador o testigo con los objetos observados, que nos encadena al espejismo de lo ilusorio y aparente (*maya*) y nos distancia del *samadhi* o liberación (*moksha*, *mukti*, *kaivalya*).

En una ocasión, le preguntaron a Buda por qué, existiendo el nirvana y las enseñanzas para llegar allí, unos lo conseguían y otros no. Buda les explicó que si pides orientación para llegar a un destino y te explican cuándo hay que ir a la derecha o a la izquierda o al frente, y luego no sigues las indicaciones, obviamente no llegarás a ese destino. Eso mismo es aplicable a los *Yoga Sutras*, que especifican qué enseñanzas y métodos seguir, qué estados anímicos cultivar, cuáles son los obstáculos y cuáles los aliados, cómo servirse de los miembros del yoga y utilizar el esfuerzo y el desapego, pero si no se presta atención a esas indicaciones o no se sigue la senda del yoga, no será posible llegar al *samadhi*. Siempre es más fácil leer o conversar sobre el tema, incluso extraer comentarios, que tener que ponerlo en práctica y asumir ciertas e imprescindibles exigencias, tales como alguna austeridad o *tapas* que permitan acumular energías para la transformación, en lugar de disiparlas. Por otra parte, cumplir con las *tapas* consiste sobre todo en no dejarse capturar por el apego al placer sensorial y a su subsiguiente servidumbre.

El yogui trata de no dilapidar su poder interior, sino que busca incrementarlo para poder actualizar sus potenciales y ponerlos al servicio de la mutación interna, que derive en la libertad interior o en la emancipación completa.

1. La pureza de la mente

El yoga de Patañjali nos aporta una metodología para aquietar la mente y obtener su máxima pureza, pues es entonces cuando prevalece la cualidad *sattva* (armonía, claridad) y el juicio (*buddhi*) empieza a estar capacitado para reflejar el Sí-mismo, sin dejarse encadenar, ni enturbiar por esas latencias del subconsciente, donde unas forman parte de la evolución animal y otras de la propia historia personal (vivencias, patrones y experiencias). Entonces se arriba a la consciencia pura, que también conlleva un intelecto puro, y ambos son capaces de ver la realidad que se esconde tras las apariencias y de atravesar el velo de *maya* (ilusorio). De este modo, se obtiene un tipo de conocimiento muy especial que está más allá del saber libresco o conceptual y que nos lleva a relacionarnos con lo esencial, desechando lo trivial.

Se profundizan capas de sabiduría que cambian la psique y logran transparencia para la mente, aunque sea solo con el *samadhi* sin simiente o definitivo, libre ya de la estrecha concepción e influencia de la personalidad. Cuando surge la auténtica liberación de la mente y se rasgan todos los velos de la ignorancia básica y se anula el pequeño yo o ego.

Patañjali sabía muy bien hasta qué punto los pensamientos negativos aportan ofuscación y sufrimiento. Mucho antes de que lo descubriera, y sobre ello alerta en sus aforismos, ya lo habían hecho antes otros grandes sabios y, por supuesto, esos *mahayoguis* (grandes yoguis) que fueron Buda y Mahavira.

Buda no se cansaba de predicar que no nos dejemos gobernar por la ofuscación, la avidez y el odio y que combatamos estas tendencias perjudiciales mediante el cultivo y desarrollo de la lucidez, la generosidad y la compasión. La ofuscación es la causa de innumerables tendencias insanas y perjudiciales; así como la avidez es codicia desmedida y el aferramiento a lo material e inmaterial, incluso a dejar de existir o aferrarse a la existencia; el odio deriva en violencia y crueldad. Ya Patañjali nos aconseja que combatamos las tendencias insanas mediante el cultivo de sus opuestos, es decir, las tendencias sanas. Con intrepidez y sin autoengaños o enmascaramientos, hay que ver en uno mismo esas tendencias y tratar de erradicarlas, pero se requiere intención pura, propósito inquebrantable y el esfuerzo necesario.

En un buen número de corrientes metafísicas y espirituales de la India, se considera esencial la utilización del discernimiento claro o la correcta discriminación, que conduce a ver las cosas como son, para aplicar de esa forma, una actitud y un proceder más idóneos. El discernimiento claro y lúcido revela, ayuda a distinguir, utilizando un símil, la joyería de la bisutería; o sea, lo esencial de lo insustancial, lo real de lo aparente. El yogui tiene que utilizar su discernimiento con la misma precisión y sabiduría con la que el cirujano se sirve del bisturí, pues desemboca en la comprensión profunda y clara de lo que es, reportando una visión aguda y penetrante, que es la que en verdad logra cambiar la consciencia, porque otorga golpes de luz que crean una ruptura en su nivel ordinario y la llevan más allá de sus antes coagulados modelos o esquemas.

Una gran parte de los métodos de entrenamiento mental trata de movilizar un tipo más elevado y perceptivo de consciencia, que es una manera de ser al margen de la habitual y petrificada. Una forma de ver y, por lo tanto, de ser muy diferente a la ordinaria, turbada y anulada por la ignorancia, el entendimiento incorrecto, la visión distorsionada y los comportamientos que generan sufrimiento y realimentan las tendencias nocivas, recreando un *samskara* negativo tras otro hasta el infinito. Sin embargo, el entendimiento correcto, nacido del discernimiento claro, es capaz de quebrar esa cadena de *samskaras* y dar así lugar a otro tipo de percepción, entendimiento, comprensión profunda y comportamiento. Así, la visión se amplía y no se deja engañar por lo parcial y aparente.

Para ayudar a que la mente esté más calma y equilibrada, Patañjali nos aconseja apoyarnos en la claridad mental, la alegría, la concentración, el control sensorial y la aplicación al Ser. Todo esto puede apoyarse en una saludable y equilibrada austeridad y en el dominio de la respiración, siendo todos los requisitos o condiciones que colaboran con *yama* y *niyama* y que aún lo hacen más y mejor si se obtiene esa mente *sáttvica* y armónica que ayuda a superar los obstáculos e impedimentos, en la larga marcha de la autorrealización. Patañjali nos recomienda, entre otras ayudas, la austeridad como método y actitud salvíficos, aunque exige esfuerzo y disciplina, se convierte en un verdadero *sadhana* o disciplina para el autodesarrollo, pues aporta fuerza interior, poder mental y autodominio. De la misma manera, ayuda el control respiratorio, pues en la medida en que la respiración es más lenta, regular y uniforme, genera sosiego mental y ayuda a combatir la agitación de la mente.

Tanto el pensamiento positivo y constructivo como el discernimiento claro y el cultivo de estados emocionales puros, así como la austeridad adecuada y el dominio sobre la respiración, resultan valiosas y eficientes ayudas en el viaje hacia el *samadhi* y hacia la experiencia liberadora. En un viaje tan difícil, cualquier ayuda es de apreciar, y Patañjali ofrece aquellas que en el transcurso del tiempo han mostrado su beneficio. Para un yogui, el autodominio se vuelve esencial, pues desencadena el poder interior y la acumulación de energías, todo ello tan necesario para la transformación de la consciencia y la aproximación a la experiencia liberadora. Todas estas actitudes cooperan en la purificación de la mente y el cambio de percepción necesario para la captación supraconsciente y la puesta en marcha de las energías muy finas y sutiles, que por sí mismas conducen a los lugares más libres y lúcidos de la mente.

2. Yama

Yama agrupa un conjunto de básicas regulaciones éticas o morales que forman parte del núcleo de la genuina virtud, disciplina o entrenamiento que todo buscador espiritual tendría que seguir y que son la base de la pirámide para ascender que nos ofrece Patañjali y que conduce al *samadhi*.

El observar estas regulaciones también supone estar más alerta, autovigilante y convertirse en dueño de sí mismo, lo que exige desarrollar la voluntad y la consciencia. Todo esto implica algo de *tapas* o austeridad psicológicamente hablando y fortalece la musculatura anímica, evitando malgastar energías psicológicas. No obstante, *yama* no supone represión, sino que es una actitud asumida libremente para mejorar la calidad de la vida anímica y la relación con uno mismo y con las otras criaturas.

Forman parte de *yama* las siguientes regulaciones: la no violencia, no mentir, no robar, no ofender, no dejarse arrastrar por la sensualidad y no ser codicioso. Vamos a examinarlas de una manera un poco más profunda.

• La no violencia se debe aceptar en todas sus formas y supone no herir a las otras criaturas con actos o con palabras, e incluso limpiar la mente de pensamientos agresivos, así como el sistema emocional de sentimientos hostiles. Se trata de llevar una conducta de no violencia a los pensamientos, las palabras y los actos. Por lo tanto, hay que descartar ofender a los otros, la animosidad y todo aquello que genere daño a cualquier criatura. Por supuesto, insistimos en ello, implica la palabra, que tanto perjuicio puede provocar sembrando discordia, enfrentando a los unos contra los otros o basándose en la difamación y el insulto.

La no violencia comporta evitar los malos modos, la brusquedad, los gestos adustos e incluso la hiriente indiferencia. Comienza en la mente y se muestra en las palabras y actos. Hay distintas formas de ejercer violencia, algunas tan sutiles o enmascaradas que no lo parecen. Uno debe observarse a sí mismo para descubrir y mitigar o superar cualquier tendencia o signo de violencia, evitando la brusquedad y la hostilidad en las palabras y los actos.

• No mentir es respetar rigurosamente la verdad y utilizar palabras sinceras, especificando los hechos como son, sin recurrir a mentiras, engaños, equívocos intencionados y falsedades. Para ello, hay que permanecer vigilantes en las palabras y no utilizarlas con mala intención, tergiversando o distorsionando deliberadamente la realidad. La mentira puede causar mucho daño y arruinar incluso vidas enteras. Dentro de este requisito, se incluyen también las descalificaciones deshonestas o injustas, las difamaciones y las calumnias.

• No robar es no apoderarse de lo que no es de uno, pero incluye evitar la estafa, la manipulación o la explotación, así como esquilmar a los otros, el abuso, el engaño y la usura.

• No dejarse arrastrar por lo sexual. Esta regulación también puede expresarse como control y como desapego sexual. La sexualidad es una energía poderosa, un impulso que para muchas personas no resulta fácil de contener. Con respecto a la sexualidad hay tres actitudes o comportamientos:

– Abstención sexual o celibato, que si se toma de forma deliberada y consciente no es represión, ya que hay personas que temporalmente o incluso durante toda la vida, se sirven de esta opción con el ánimo de transformar esa energía en poder interior.

– Actividad sexual normal, que debe desarrollarse según las disciplinas de autorrealización, evitando precipitarse en la adicción, obsesión o dependencia, tratando de no fomentar el apego o el aferramiento, con cierta capacidad de sano autodominio y ecuanimidad. De acuerdo con ciertas tradiciones yóguicas, se puede transformar la energía sexual en *Ojas Shakti* o energía de orden más elevado.

– Sexualidad consciente e instrumentalizada para el desarrollo interior, que sigue unas reglas muy estrictas y que se ha considerado una sexualidad sagrada y que nada tiene que ver con el denominado sexo tántrico, en Occidente, que es una verdadera falacia.

• No codiciar o dejarse conducir por la avidez y el apego. Hay que desarrollar un entendimiento correcto para poder superar el apego, cultivando el desapego y la generosidad. La ambición desmesurada ciega, encallece interiormente, frustra el sentimiento de empatía y alimenta el egoísmo.

La virtud que sugieren los *yamas* y *niyamas* es válida para cualquier época y situación, puesto que no depende de circunstancias, ni latitudes, ya que es el comportamiento puro y honesto, respetado por todos los verdaderos sabios y los auténticos mentores.

Al evacuar el odio, la rabia, el resentimiento, la avaricia y otras tendencias insanas y esclavizantes de la mente, esta queda mucho más libre para llevar a cabo con éxito el trabajo yóguico, e incluso las energías que se dilapidaban debido a esas inclinaciones nocivas pueden ser reunificadas y puestas al servicio de la transformación anímica.

3. Niyama

El *Niyama* o segundo miembro del yoga de Patañjali es un conjunto de prescripciones para favorecer el cuerpo (incluido el energético), la mente y la conducta; es decir, para obtener armonía en diferentes planos. *Yama* y *niyama* nos aportan equilibrio, embellecen la vida interior, tranquilizan la mente, purifican el carácter y nos ofrecen las energías para observar mejor los otros miembros del yoga, que requieren fuerza interior, ánimo sereno y ecuánime, esfuerzo y desapego.

Estas prescripciones son: la purificación externa e interna, el contento o satisfacción, la preparación y formación mental y emocional, y la concentración y entrega al Absoluto. Las examinamos.

Purificación externa e interna

El cuerpo es un vehículo para discurrir por esta vida y como tal tiene que ser tratado adecudamente e higienizado. Hay que atender las fuentes de vitalidad que lo sostienen, tratando de que sean lo más puras posibles. Estas fuentes, entre otras, son:

la alimentación, el sueño, el descanso, la respiración, las intenciones y propósitos, las impresiones mentales.

La pulcritud del cuerpo es necesaria por respeto a sí mismo y a las otras criaturas, pero además fomenta la salud y favorece la circulación de *prana* o fuerza vital. Hay que evitar caer en la superstición u obsesión, pero es importante dedicar un tiempo a higienizar el cuerpo y mantenerlo sano. En los textos clásicos de Hatha-Yoga se incluyen técnicas muy minuciosas para una rigurosa higiene y una purificación somática, que ya hemos expuesto en nuestra obra *Hatha-Yoga esencial*. Estas técnicas se denominan *shatkarmas* y son para limpiar el cuerpo por fuera y por dentro.

La alimentación es de suma importancia, puesto que no se puede dudar de que el cuerpo necesita alimento y, si no se lo proporcionamos, muere. Si es un cuerpo de alimento, tiene mucha importancia dicho alimento. Hay alimentos más puros y otros impuros por completo. No se trata de imponer o dogmatizar, pero los alimentos que no recurren a la muerte de animales son más puros, incluso desde un punto de vista ético o psicológico, puesto que evitan causar daño a otras criaturas sintientes. No obstante, cada persona debe optar por su forma de alimentación. En los textos propios del Hatha-Yoga, ya se nos indican los alimentos más aconsejables, en tanto que se descartan otros, como los muy especiados o picantes, demasiado fríos o demasiado calientes, y se pone el énfasis en la ingesta de lácteos. Cada persona debe probar por sí misma, sin dejarse sugestionar por las modernas y contradictorias corrientes nutricionistas.

El sueño es una función imprescindible, aunque hay yoguis muy evolucionados que lo reducen al mínimo, pero cada persona debe comprobar cuál es el número de horas necesarias en cuanto a dormir. Si es más profundo, es más reparador, y a veces esa profundidad depende del grado de equilibrio y pureza del cuerpo y de la mente, y de estar libre de apegos, odios y diversos estados mentales y emocionales perturbadores. Por lo general, en el yoga se aconseja conciliar el sueño no demasiado tarde por la noche y levantarse pronto por la mañana, pero cada persona tendrá que adaptarlo a su forma de vida. Tanto la práctica del Hatha-Yoga, en general, como del *pranayama*, en particular, favorecen un nivel más profundo y reparativo del sueño. Es aconsejable entrar en el sueño alimentando estados emocionales sanos y dejando de lado preocupaciones, disgustos o emociones nocivas.

El descanso equilibrado forma parte de la vida humana y hay que buscar el punto medio entre una acción desorbitada y la pasividad infecunda. Se debe aprender a armonizar la acción y la contemplación, la actividad y la pasividad, el hacer y el no hacer, evitando la agitación, pues acción no es necesariamente agitación y se puede aprender a estar contemplativo, calmo y ecuánime en la acción. Hay que evitar la pereza, la inercia y la apatía, pero no incurrir en la acción compulsiva, que malgasta valiosas energías. La meditación nos ayuda a poder actuar con eficacia y diligencia, pero sin desmesurada tensión o agitación, logrando mantener una actitud de calma ante las circunstancias adversas o estresantes.

La respiración es siempre una gran aliada para el yogui. En cualquier momento, se puede recurrir a ella, pues es fuente de vitalidad (*prana*), de resistencia interior, de agudeza mental, de ánimo estable y de armonía. Puede utilizarse como ejercicio psicofisiológico (*pranayama*) o como un valioso soporte para unificar la consciencia y conseguir *ekagrata* (concentración pura). Una respiración rítmica y uniforme es como un bálsamo para la mente y el sistema nervioso, pero una respiración desordenada es como una espina.

El recto propósito y las intenciones puras forman parte de la purificación interior y de cómo conducirla a los actos y conseguir la acción correcta e idónea. Hay que proponerse actitudes y comportamientos armónicos, sanos, generosos y cooperantes, así como fomentar intenciones lo más puras posible y de respeto a todas las criaturas y a uno mismo.

A veces, le damos demasiada importancia a los alimentos, al sueño, al descanso, al ejercicio, a la limpieza física y no nos percatamos, neciamente, de que, además de que pueda haber pureza o impureza físicamente, también existen en las impresiones mentales, que pueden ser sanas o insanas, bellas o feas. Las impresiones mentales y emocionales tienen una enorme importancia y desempeñan un gran papel en la evolución espiritual de una persona. Al igual que hay alimentos físicos venenosos, los hay para la mente y el sistema emocional. Una persona no solo es lo que come, como se ha dicho, sino lo que piensa y siente. Las impresiones mentales y emocionales negativas causan gran perjuicio a uno mismo y a los demás, por eso hay que fomentar las constructivas y nobles. Para esto, Patañjali recomienda, entre otras, la amistad, la amabilidad, el contento y la alegría.

Preparación anímica y formación mental

En cierto sentido, uno puede hacerse a uno mismo, pues no solo es como es, sino como quiere ser. El yoga no se resigna al lado nocivo de uno mismo y trata de obtener lo mejor de la propia organización psicosomática. Creer en la transformación para mejorar y en la evolución de la consciencia nos proporciona enseñanzas y medios. No es doctrina, es método; no es dogma, es práctica.

La formación interior se consigue mediante el estudio, la investigación de uno mismo y de la última realidad, la lectura, la práctica de la meditación y las técnicas de adiestramiento psicofísico, así como el ardiente anhelo por mejorarse y el empeño por obtener lo mejor de uno mismo y compartirlo con los demás.

Somos una entidad bio-psico-social y, por lo tanto, tenemos que poner los medios para mejorarnos biológica y psíquicamente y en la relación con las otras criaturas.

Pensamiento y entrega al Absoluto

Unos han llamado Ishvara al dios del yoga y otros como Shiva; unos se han referido al mismo como la Consciencia y otros como el Ser; unos pueden nombrarlo como el Absoluto y otros como Ramakrishna, como la Madre; unos le denominan Mahapurusha y otros Brahma. Los nombres que se pueden dar a ese poder superior son infinitos, y las concepciones que se tengan, más aún. Sin embargo el dios que nos propone Patañjali escapa a las concepciones comunes, pues se le presenta más como herramienta para aproximarse al *samadhi*, pero no mediante una oración o suplica, sino utilizando a Ishavara como un soporte de *dharana* y *dhyana* en el que absorberse para lograr *ekagrata* o unidireccionalidad de la consciencia y la inhibición de los ordinarios procesos mentales para que surja y se manifieste otro tipo de conocimiento alejado del habitual y de carácter supraconsciente, realmente transformativo y liberador. Ishvara se convierte así en un soporte meditacional en el que abstraer la mente y conducir la consciencia más allá de lo común, pese a que se le supongan otros atributos y al margen de toda creencia prestablecida. Por otra parte, tal como he hablado con mentores al respecto y con especialistas en *Yoga Sutras*, la figura de Ishvara puede utilizarse como herramienta de meditación abstracta, aun si no se cree en él, del mismo modo que hay discípulos que utilizan la imagen del maestro como medio de concentración y arrobamiento, paralizando así los pensamientos. Ishvara, como dios de los yoguis, se convierte en su gran maestro, custodio e inspiración, y en soporte para el ensimismamiento y el éxtasis. También puede ser convertido en el depositario de las obras positivas que uno lleva a cabo; es decir, en inspiración para las buenas acciones y el karma positivo, así como en receptáculo del pensamiento de los yoguis que conecten con el que consideran un principio superior o el gran Maestro, que en última instancia está dentro de uno y es el Sad-guru.

Para algunos yoguis, dios vive en uno, en uno piensa y en uno respira y, como dirían los místicos occidentales, permanece más cerca de uno que la propia yugular. De hecho, determinados mantras, *yantras* o mudras son medios para concentrar la mente en lo Absoluto. Por ejemplo, el mantra *Aham Brahmasmi* («Yo soy Brahma, el Absoluto») trata de que vayamos de la condición humana a la divina, de la consciencia limitada a la cósmica y, aunque solo sea por unos instantes, que la persona se convierta en el hombre (o mujer) dios, más allá de los condicionamientos humanos, que crean tanta servidumbre y sufrimiento. En sus arrebatos, todos los místicos saltan de la consciencia ordinaria y limitada a una consciencia de orden superior y hasta algunos han sido atormentados o asesinados sin dejar de clamar: «Yo soy Dios». No puedo dejar de recordar, conmovido, una ocasión en la India donde un *sadhu* de llamativa hermosura se acercó a mí y abrió las portezuelas de un pequeño altar que transportaba con él. Dentro estaba alojada la imagen de Krishna. El *sadhu* me miró con aire de complicidad y murmuró: «Todos somos él». O sea que todos somos uno.

La observancia de *yama* y *niyama* activa la cualidad *sáttvica*, armoniza, libera de impurezas, nos favorece y también a los demás, ayuda a combatir las fluctuaciones mentales y, asimismo, facilita la ejecución del *asana*, *pranayama*, *pratyahara*, *dharana* y *dhyana*.

Cumpliendo los preceptos de estos dos primeros miembros o grados de Patañjali, se obtiene un gran beneficio propio y ajeno, puesto que la liberación de impurezas se hace más fácil y eficiente, también la meditación, superándose un gran número de obstáculos o impedimentos, incluso las energías operan mejor y con más libertad, la mente está más clara y el ánimo más sosegado.

Señalemos que, de acuerdo con determinadas enseñanzas o disciplinas de autodesarrollo y realización de sí, la bien medida y dosificada austeridad (*tapas*) no solo fortalece el carácter e incrementa la fuerza interior, sino que favorece el cuerpo, sus energías y sus órganos, además de aumentar con mucho el poder de la voluntad, tan necesaria para seguir el *sadhana*. Eso no quiere decir que no haya que celebrar la vida y disfrutarla, sin apego, aprendiendo a dosificar Yoga (control) y Bhoga (disfrute) e incluso convirtiendo el *bhoga* en un yoga a través de la consciencia despierta y una actitud de ecuanimidad.

4. Los grandes antídotos contra las tendencias nocivas y el desorden mental

La antigua psicología de la India ha sabido desde hace milenios hasta qué punto la mente es un órgano que puede resultar favorable o desfavorable, alentador o creador de obstáculos en el viaje hacia la liberación. Innumerables escrituras lo ponen en evidencia, dando a entender implícita o explícitamente que, si la mente te domina, estás perdido.

En las muchas conversaciones con yoguis, mentores y sabios, que he recogido en mi libro *Conversaciones con yoguis*, la charla deriva hacia la naturaleza de la mente y de cómo para ordenar el órgano psicomental hay que recurrir a la práctica de la meditación. Se hace, pues, necesario, aprender a poner la mente del lado de la propia evolución y no en contra. Hay que tener mucha paciencia con la mente y saber hacerse con ella y sus funciones. No es fácil, porque querer dominar la mente es como pedirle a un ladrón que se haga policía para detenerse a sí mismo, pues es obvio que no lo hará. Por eso, se han concebido y ensayado tantos métodos. Todo buscador espiritual sabe cuántos problemas da la mente, como si no fuera suficiente con los que nos da la vida. Por eso, la mente puede ser causa de sufrimiento, ofuscación, inquietud y desequilibrio.

Patañjali también debió haber tenido sus problemas con la mente, pues como se dice: «Si no has estado herido, no estás preparado para sanar a los demás». Además de las enseñanzas y métodos de Patañjali, la tradición yóguica, así como las distintas modalidades yóguicas y sus instrucciones y métodos, ha ido recogiendo posteriormente otras muchas y eficientes enseñanzas y técnicas.

En este capítulo recogemos lo que llamaríamos antídotos. ¿Antídotos para qué? Para la ignorancia de la mente, su confusión y desequilibrio, su desorden y sus tendencias nocivas y perjudiciales, que encuentran a menudo sus raíces en los estratos más hondos de la psique, de donde emergen inclinaciones e impulsos a menudo difícilmente controlables, salvo que se lleve a cabo con perseverancia todo lo que implica el trabajo interior.

Como quiera que les llamemos, estos antídotos han sido utilizados por innumerables buscadores de lo Sublime, tanto en unas como otras tradiciones, mostrados y recomendados por quienes han conseguido una mente realizada.

Como el veneno de la cobra tiene su antídoto, las tendencias insanas también disponen de ellos, como decía un mentor contemporáneo: «Yo te proporciono el agua, pero no puedo beberla por ti». Todas estas técnicas medicinales para la mente y/o el alma, como dirían algunos, tienen que ser experimentadas por uno mismo, y aquí Patañjali, como otros sabios, no deja lugar a duda, pues los *Yoga Sutras* son para aplicarlos en uno mismo, que es quien tiene que llevar a cabo, con no pocos esfuerzos y a veces desfallecimientos, esta labor inevitable para ascender a dimensiones más altas y clarividentes de la consciencia.

El autoexamen y el reconocimiento

Hay un ejercicio muy interesante al que he denominado: desenmascaramiento doloroso, pues requiere una buena dosis de sinceridad personal, de intrepidez y hasta de valentía. Consiste en autoexplorarse y ver cómo es uno, ni más ni menos, abiertamente, para aceptarse y, desde ahí, comenzar a superar y cambiar lo que sea nocivo para uno y para los demás. Aquí hay lugar para la lucidez, pero no para la inútil autoindulgencia. Hay sitio para verse uno tal cual es y no para dejarse atrapar por los engaños de una falsa autoestima que no es más que egoestima.

Patañjali nos dice qué es necesario reafirmar y de qué hay que liberarse. Nos miramos y tratamos de discernir entre lo sano y lo insano, entre lo provechoso y lo perjudicial. Pero, una vez que se unan el autoexamen y el autorreconocimiento y se entienda lo que es perjudicial, se debe poner todo el empeño en liberarse para no seguir acarreando y perpetuándolo todo. Por lo tanto, el proceso sería: observarse, examinarse, reconocerse, afirmar lo sano y descodificar lo perjudicial e insano. Las herramientas no nos faltan, pues llevan utilizándose varios milenios. Muchas veces, lo que falta es la valentía para ver el lado oscuro de uno mismo y aplicarse con firme voluntad a superarlo; pero Buda ya lo dijo: «Si os pido que lo hagáis, es porque puede hacerse». Lo mismo diría Patañjali, Mahavira, Jesús, Shankaracharya o Tilopa o, ya en tiempos contemporáneos, Ramakrishna y Ramana Maharshi.

Para autoexaminarse, uno puede hacerlo en recogimiento y calma, pero observarse y reconocer las tendencias nocivas puede llevarse a cabo en la vida diaria, mirando las reacciones egocéntricas, de codicia, odio, celos, envidias, etc. Es un trabajo que hay que comenzar ya para no seguir realimentando las tendencias insanas, que generan más *samskaras* y *vasanas* venenosos.

Si dejas que un *samskara* prosiga y reaccionas a su favor, estás generando muchos más, por eso hay que evitar reaccionar a los nocivos, porque, si no, es como si echáramos leña a un fuego que se está extinguiendo. Observar con ecuanimidad y reaccionar es esencial, ya que es el modo de que los *samskaras* nocivos vayan agotando su impulso.

Evitar poner los pensamientos a favor de emociones nocivas

La línea divisoria entre los pensamientos y las emociones es muy débil, pues todo pensamiento tiende a generar una emoción y toda emoción puede convertirse en pensamiento. Sin embargo, lo importante para mejorar la psique es no estimular con nuestros pensamientos esas emociones y tendencias perjudiciales, para evitar hacerlas más fuertes. Por ejemplo, si uno tiene un acceso de rabia o de odio y permite que pensamientos destructivos se pongan a favor de esas emociones nocivas, las fortalece e incrementa. Hay que controlar la mente y poner en práctica la recomendación de Patañjali de combatir los pensamientos negativos mediante el cultivo de sus opuestos, también son muy útiles las recomendaciones de los antiguos budistas de utilizar los cuatro esfuerzos conscientes para sanear y embellecer la mente:

- Desalojar de la mente los pensamientos nocivos.
- Evitar que puedan volver a entrar.
- Suscitar en la mente pensamientos positivos.
- Fomentarlos y desplegarlos.

Por supuesto, uno cuenta con los controles conscientes para reeducar y construir la mente.

- Cortar los pensamientos en su raíz. Observar de forma ecuánime y objetiva los pensamientos y movimientos emocionales.
- Combatir los pensamientos nocivos mediante el desarrollo de sus opuestos.
- Ignorar el pensamiento y no dejarse contaminar.

Todo esto forma parte del trabajo consciente sobre la mente, que exige una disciplina adecuada.

Hay que adiestrarse en el recto pensar, el que es consciente y deliberado, capaz de apoyar el discernimiento correcto y la acción idónea. Qué distinto es ese pensar consciente y deliberado al pensamiento automático e incontrolado que a menudo nos posee. Además de la meditación abstracta o de absorción, también hay que servirse del pensamiento claro y dominante como herramienta de comprensión y discernimiento para la cotidianidad.

El cultivo de la quietud interior

Un mentor que conocí afirmaba: «La quietud todo lo cura», y desde luego es innegable que la quietud ayuda a equilibrar y sanar la mente, a armonizar el sistema emocional, a descansar en profundidad, a renovar energías internas y esclarecer el discernimiento. No obstante, es cierto que la quietud tiene sus enemigos, entre otros: el apego, el odio, el pensamiento incontrolado, las tendencias nocivas, la ansiedad y la agitación, el miedo, el desconsuelo, etc. Amenazan a la quietud y la boicotean muchas circunstancias externas y los contratiempos, así como influencias internas o tendencias subconscientes. Sin embargo, la quietud interior es sanadora e inspiradora, incluso puede resultar reveladora de experiencias veladas a la mente inquieta y a una psique alterada.

La práctica de *pratyahara*, el *dharana* y el *dhyana* nos ayudan a conseguir una quietud insospechada, que se convierte en un gran regalo, pues nos equilibra y desencadena en nosotros una sensación de contento e incluso de plenitud. También, desde la quietud la visión mental es más acertada, las emociones colaboran más, la palabra es más atinada y los actos son los idóneos. El yoga siempre ha estado asociado a la quietud e incluso la postura de meditación es como un arquetipo de la calma profunda.

Cuando la mente no está agitada, dependemos menos de las mecánicas ideaciones y, entonces, la quietud comienza a manifestarse y se convierte en una gran aliada. En lo profundo de la mente que se vuelca hacia su origen, hay una zona o ángulo de calma que para muchas personas pasa desapercibido a lo largo de su vida. Por ejemplo, como le sucedió a un mendigo, que estuvo toda su vida sentado en la esquina de una calle de Calcuta pidiendo una rupia y, tras su muerte, al excavar el terreno, se descubrió que había un tesoro. Seguramente, esta es una historia recreada por la fantasía, pero resulta muy significativa. Vivimos en el lado agitado de la mente, sin ser conscientes de que hay otro más sosegado y muy grato.

La instrumentalización de la corporeidad

El disponer de un cuerpo nos permite utilizar sus funciones como herramientas para la conquista de la mente y la evolución de la consciencia. Patañjali hace referencia a la posición estable, pero no entra en el tema de las posiciones culturales, que bien instrumentalizadas pueden ser de gran ayuda psicosomática y espiritual. Aunque nunca se ejecuten asanas culturales o de Hatha-Yoga, el asana meditativo es muy importante y un verdadero *tapas* que hay que ir conquistando con paciencia y tenacidad, ya que nos ayuda en la introspección y para alcanzar estados superiores de consciencia. Asimismo, en la vida diaria se puede tomar consciencia de la posición corporal en distintas ocasiones, lo que nos ayuda a centrarnos en el momento presente, a frenar las ideaciones incontroladas y cultivar la atención mental consciente y pura. Es otra manera de instrumentalizar positivamente el cuerpo, de la misma forma que en cualquier momento podemos tomar consciencia de la respiración.

La práctica regular de la concentración y la meditación

La comprensión de lo necesaria que es la genuina ética o virtud nace del discernimiento puro y del entendimiento correcto, pues la lucidez mental nos hace ver que es esencial tener buenos sentimientos, seguir una vida noble y cooperar con los demás. Las más altas cualidades devienen de la claridad mental; en cambio, de la ofuscación solo surge ofuscación y perjuicio para uno mismo y para los demás. Por eso, en el campo de la virtud (*yama* y *niyama*) es tan necesaria la práctica de *dharana* y *dhyana*, que nos permitirán abrir la mente a una realidad más profunda para cambiarla y liberarla de corrupciones.

5. Los cuatro estados sublimes

Buda insistió mucho en estos cuatro estados sublimes de la mente, que también han recomendado y apoyado todos los grandes maestros y, por supuesto, los yoguis de las diferentes corrientes yóguicas. Sin embargo, Buda y Mahavira los consideraron altamente necesarios y a lo largo de su vida fueron un ejemplo vivo de los mismos.

Estos nobles estados embellecen la mente y la construyen para que en ella prevalezcan las tendencias loables, beneficiosas para uno y para los demás. Cada uno de estos estados sublimes es un antídoto muy eficiente contra su opuesto, o sea, el pernicioso. De hecho, si estos estados sublimes están bien enraizados y alimentados, impiden la entrada de sus opuestos, los nocivos.

Los cuatro estados sublimes son: el amor, la compasión, la alegría compartida y la ecuanimidad, que a su vez son los antídotos del odio, la crueldad, la envidia y el desequilibrio o extremismo. Los describiremos.

El amor

La enorme masa de sufrimiento que hay en el mundo quedaría muy reducida si se desplegasen los cuatro estados sublimes, de manera especial, el amor, que es el gran antídoto contra el odio y sus parientes cercanos: rencor, resentimiento, afán de venganza y otros. El amor, en sus distintas expresiones (indulgencia, benevolencia, perdón, etc.), sana todo tipo de heridas, sutura las grietas del alma, nos ayuda a ponernos en el lugar de los otros para atender sus necesidades, nos humaniza y ayuda a desencadenarnos de los grilletes del egoísmo, la ambición desmedida del «caiga quien caiga», la violencia y la agresividad.

Como decía el sabio Nisargadatta, «Sin amor todo es mal. La vida misma sin amor es un mal». Como tantas veces me recordaba mi buen amigo Baba Sibananda de Benarés, «lo más grande de la vida es el amor y el sentido más elevado es ayudarnos los unos a los otros». Hace ya muchos años, escuché: «Estamos en el camino para ayudarnos; no hay otra cosa que el amor». Sin embargo, esta palabra ha sido tan manoseada y tan utilizada por grandes falsarios en la política, en la religión o la espiritualidad, que uno teme incluso pronunciarla porque cree que al hacerlo se desacredita. Pero el amor nos previene de dañar a las otras criaturas, le da un sentido a la vida, nos humaniza y es como una preciosa energía que se irradia, sembrando amistad, concordia, benevolencia y capacidad para comprender y perdonar.

El amor consciente, con sabiduría, sin un ego acaparador y

egoísta, es el amor incondicional, sobre el que mi admirado y querido amigo el venerable Nyanaponika, al que numerosas veces visité y entrevisté en su ermita en Forest Hermitage (Kandy) con gran sensibilidad escribió:

Amor sin deseo de poseer, sabiendo perfectamente que en última instancia no hay posesión, ni poseedor, este es el amor más elevado.

Amor sin hablar ni pensar en términos de yo, sabiendo perfectamente que el llamado yo no es sino una mera ilusión.

Amor sin elecciones, ni exclusiones, sabiendo perfectamente que el hacerlo significa crear los opuestos del amor: desagrado, aversión, odio.

Amor abarcando a todos los seres, pequeños y grandes, lejanos y próximos, ya se hallen en la tierra, en el agua o en el aire.

Amor abarcando imparcialmente a todos los seres sintientes y no tan solo a aquellos que nos son útiles, agradables o amenos.

El venerable Nyanaponika Thera (del que guardo un recuerdo inolvidable y al que Almudena Haurie tradujo la mayoría de sus excepcionales obras) prosigue con palabras que resuenan en lo más profundo de toda alma noble:

El amor que sostiene con su mano suave pero firme a los seres enfermos, siempre inmutable en su simpatía, sin fluctuaciones, inmutable sea cual sea la respuesta que encuentre. El amor que es una bocanada de aire fresco para los que arden en el fuego del sufrimiento y la pasión; el amor que es calor vital para los que están abandonados en el frío desierto de la soledad, para aquellos cuyos corazones se han quedado vacíos y secos a fuerza de implorar ayuda, por la más profunda desesperación. El amor es la más sublime nobleza del corazón y de la inteligencia, el que sabe, comprende y está listo para ayudar.

Pero el amor es para sentir, no para analizar. Cuando le pregunté a Muktananda sobre el amor, me miró con sus ojos negros, de mirada muy profunda, y dijo: «El amor es amor». Fue Rumi, el gran místico sufí, quien dijo: «Cuando voy a escribir sobre el amor, se rompe la mina de mi lápiz», dando a entender que el amor está más allá de todo concepto por ser una experiencia sublime.

Sin embargo, el amor incondicional, consciente y con sabiduría, libre de las comunes contaminaciones del amor posesivo y egoísta, está en las antípodas del amor mecánico, basado en exigencias, reproches, imposiciones y manipulaciones. Es un poderoso sentimiento, una bella energía que abraza a los seres sintientes de este planeta.

En la enseñanza budista, al amor incondicional se le conoce como *metta*, que podría traducirse también como afecto, amabilidad, indulgencia, pero que en suma, es AMOR, y que lo es sin apego, sin afán de dominar y sin crear mórbidas dependencias, desde la lucidez libre de ataduras, pero siempre leal, más allá de las neuróticas y egoístas exigencias e imposiciones del ego.

Tuve un gran cariño y admiración hacia el venerable Piya-
dassi Thera, monje budista muy evolucionado, que nos dio un
intensivo de meditación en Shadak. Escribía:

> Es difícil amar desapasionadamente a una persona, sin apego,
> sin ninguna idea del yo, mí o mío, porque en la persona la idea
> de ese yo es dominante, pero amar sin hacer ninguna distinción
> entre esto y eso es quitar barreras entre las personas, mirar a to-
> dos como hermanos y hermanas, con el corazón libre de atadu-
> ras, aunque pueda parecer imposible. Pero aquellos que lo inten-
> ten, aunque sea un poco, serán recompensados.

También dijo:

> *Metta* es el mejor antídoto contra la ira, es la mejor medicina que
> podemos dar a los que se enojan con nosotros. Ampliemos nues-
> tro amor a todos los que lo necesitan con un corazón libre e inde-
> pendiente; el amor es el lenguaje del corazón y va al corazón. El
> amor es la fuerza que une los verdaderos corazones y los sana,
> la que nos une en la verdadera compañía. Los pensamientos de
> amor altamente desarrollados parecen poseer un poder magnéti-
> co. Irradiando tales sublimes pensamientos es posible influenciar
> y ganarse a la gente.

El amor nunca es debilidad, sino fuerza y poder interior, viendo
en los otros lo mejor y no solo lo que es negativo, sabiendo
comprender y tolerar. No es fácil y por eso muchos hablan

de amor, pero no aman verdaderamente. Solo cuando las tendencias nocivas de la mente son eliminadas, puede surgir una corriente de auténtico afecto, entroncada con la indulgencia y la benevolencia, viendo a los demás por sí mismos y sin afán de manipularlos o sacar ventaja de ellos. Es un sentimiento que surge espontáneamente cuando es real, tanto como la rosa que exhala su aroma o la luna que se refleja por la noche en las aguas de un lago. Ese amor incondicional y cierto muta y transmuta, convirtiendo a la persona en cooperante y caritativa; es el amor que humaniza o el amor que debería aflorar en nosotros si fuéramos realmente humanos. Ese amor siempre prevalece y como no se alimenta del ego, resulta generoso y nunca puede alimentar violencia o agresividad. Inspirados en ese amor más expansivo y noble, deseamos que todos los seres sean felices y no desgraciados.

Hay un ejercicio de meditación, de irradiación amorosa, donde se trata de enviar buenos sentimientos hacia todas las criaturas sintientes y en todas las direcciones. Se inspira en un sermón de Buda, conocido como el *Metta Sutta* y que dice:

Que sean capaces y probos, rectos, de lengua cortés y sin orgullo. Que estén contentos y tengan fácil apoyo, libres de carga y sus sentidos en calma. Que sean sabios, no arrogantes, y sin apego a los bienes de otros. Que sean incapaces de hacer algo malo o algo que los sabios pudieran reprobar. Que todos sean felices. Que vivan en seguridad y regocijo. Que sean felices todos los seres vivos, tanto débiles como fuertes, altos y robustos, de talla mediana o pequeña, visibles o invisibles, próximos o distantes, nacidos o por nacer. Que nadie defraude a otro o desprecie a un ser, cualquiera que sea su estado, no permitiendo que la rabia o el odio nos haga desear el mal a otro. Como una madre vela por sus hijos, dispuesta a perder su propia vida para proteger a su único hijo, así, con corazón desprendido, se debe cuidar a todos los seres vivos, inundando el mundo entero con una bondad y un amor que venzan todos los obstáculos. De pie o andando, sentado o echado, durante todas nuestras horas de paseo, debe recordarse conscientemente a este corazón que esta es la mejor forma de vivir del mundo. Sin aferramiento a la especulación, a las propias miras o deseos, y con una visión clara, una persona así nunca volverá a nacer en el ciclo de sufrimientos.

La compasión

La compasión es la más hermosa de las joyas. El egoísta es miserable y falso, pero el compasivo es un joyero de alta calidad. Si eres compasivo tienes sensibilidad, capacidad de cooperación y empatía, alma y ternura; pues de otro modo eres como un trozo de madera seco. La compasión te permite ponerte en el lugar de los demás y atenderlos, es el gran antídoto contra la crueldad y sus parientes. Es la energía que acerca, acompaña, ayuda, comparte y pone los medios para evitar sufrimiento a las otras criaturas y procurarles deleite. Esa es la compasión activa, y no esa compasión pasiva que no ayuda ni siquiera al que la experimenta si no es para lavar su imagen ante sí mismo.

La compasión nos conduce a acompañar al que lo necesita, darle nuestro tiempo y no regateárselo, asistir a los necesitados y desvalidos y poner los medios para que la criaturas sean más felices y menos desgraciadas. El compasivo piensa en los demás, se ocupa de los que lo necesitan, comparte con generosidad y alegría. El egoísta solo mira por sí mismo, se obsesiona consigo, no tiene ojos para las otras criaturas y se deshumaniza. Hay una historia muy elocuente:

En medio de una gran extensión de terreno se levantaba una descomunal muralla. Cuatro personas se propusieron descubrir lo que había detrás de la misma. Una de ellas la escaló y llegó a la parte alta de la muralla y, nada más hacerlo, saltó al otro lado, sin siquiera despedirse de sus compañeros. Del mismo modo procedieron otras dos personas. Cuando le tocó el turno a la cuarta, escaló con muchas dificultades la colosal muralla. Tras llegar a la parte alta, miró lo que había más allá. ¡Oh, maravilla de maravillas! Más allá de la muralla se extendía el más bello, sugerente y reconfortante jardín que pudiera imaginarse. Su primer impulso ante tanta hermosura fue lanzarse hacia ese vergel de ensueño, pero pensó en los demás y no lo hizo. Decidió quedarse al pie de la muralla para hacerles saber a los que por allí pasaban cuánta belleza se ocultaba detrás y ayudarlos a escalar para que pudieran saltar y sumergirse en ese primoroso e incomparable vergel.

La verdadera compasión es sabiduría, y no el saber libresco, el conocimiento intelectual o conceptual. Si sabes mucho y no eres compasivo, brillas con el cerebro, pero no sabes nada. La verdadera lucidez nos hace ver que nada es tan esencial, transformador y hermoso como la compasión, que es el resultado de la verdadera evolución de la consciencia. Puede haber un puñado de «Einsteins», pero si no tienen compasión, saben muy poco. La mente ordinaria y pensante, hermana gemela del ego, se ha vuelto muy astuta y a menudo no repara en nada para conseguir lo que quiere obtener. No es una mente de fiar, ni en la que se pueda confiar, la pierde su egocentrismo, su ambición desmedida, su ofuscación y su aferramiento compulsivo.

La compasión es el néctar que nos ayuda a combatir las tendencias nocivas de la mente: celos, odio, rabia, resentimiento, crueldad y tantas otras. Un país debería medir su grado de civilización por las personas compasivas que lo pueblan. Tal como están las cosas, es raro que en algún país el resultado pudiera invitar al optimismo.

Por ese precioso sentimiento que es la compasión es que damos nuestro tiempo al que se siente solo, que escuchamos al que está angustiado y necesita desahogarse, que confortamos y animamos al abatido. La compasión nos hace menos egocéntricos, coopera en nuestra evolución y nos insufla ánimos para seguir afrontando los obstáculos del día a día. Sin compasión perdemos el corazón de sangre y carne, que se convierte en un órgano de acero incapaz de vibrar con ternura y benevolencia.

Si algo necesita esta sociedad, es compasión; si algo nos puede humanizar de verdad, es la compasión; si cabe esperar alguna vez una mutación de la consciencia, es escuchando la transformadora voz de la compasión.

Buda le aconsejó a su hijo Rahula del siguiente modo:

> Desarrolla la meditación sobre la benevolencia, Rahula, pues con ella se ahuyenta la mala voluntad. Desarrolla la meditación sobre la compasión, Rahula, pues con ella se ahuyenta la cruel-dad. Desarrolla la meditación sobre la alegría compartida, pues con ella se ahuyenta la envidia; desarrolla la meditación sobre la ecuanimidad, pues con ella se ahuyenta el aborrecimiento.

La alegría compartida

Esta sublimidad también es conocida como «la alegría altruista», o sea, y concretando, alegrarse por los éxitos, triunfos, logros y bienestar ajenos. Es, pues, un antídoto magnífico contra esa fea, mezquina, absurda y corrosiva cualidad negativa que es la envidia y que tanta malevolencia, rabia, desasosiego y sufrimiento inútil genera en las personas envidiosas. Muchas personas, las que padecen la venenosa enfermedad de la envidia, se torturan y amargan cuando comprueban que a otras personas les salen las cosas bien, triunfan y son dichosas, deseando mezquinamente a los demás lo peor en lugar de lo mejor, desgracias en lugar de situaciones favorables.

La envidia daña mucho al que la padece, le roba tranquilidad, enfanga sus sentimientos, saca lo peor de uno mismo y ofusca. De hecho, la envidia es una visión incorrecta y nace de la ausencia de un entendimiento claro.

El envidioso se alegra de las desgracias del envidiado y trata de dañarlo con palabras o actos. Da curso a malos sentimientos, empobrece éticamente y causa enfado, ira perturbación, siendo a menudo el resultado de una baja autoestima y, por supuesto, de una falta de visión clara.

La alegría compartida o altruista es un antídoto y un bálsamo para combatir la envidia. Consiste en alegrarse por los éxitos ajenos, deleitarse con el bienestar de los demás, sentirse afortunado por la fortuna de los otros y contento por la dicha de las otras personas.

La ecuanimidad

Este es un término muy sugerente que a veces no terminamos de comprender; mejor dicho, son dos términos en uno, que significan mucho: equilibrio del ánimo y, por extensión, armonía, ánimo estable, el justo medio, actitud firme ante las vicisitudes o alternancias, visión cabal, ausencia de reacciones desaforadas o desmesuradas, no dejarnos arrebatar y enceguecer por nuestros apegos y odios. Es inspirador el siguiente texto hindú:

Nuestros deseos y nuestras aversiones son dos monos que viven en el árbol de nuestro corazón; mientras lo sacudan y zarandeen con sus brincos y sobresaltos, no puede haber reposo.

Considero que la ecuanimidad es una cualidad de cualidades, la más importante y de la que mucho necesita la humanidad, ya que todo sería muy diferente si prevaleciera esta actitud armónica, este sentido de lo imparcial, esta conducta de no desquiciarse y descentrarse ante las alternancias de la vida, manteniendo el ánimo estable y equilibrado. La ecuanimidad huye de los extremos, nos impide enceguecernos y reaccionar incontroladamente, aquieta y sanea la mente, nos permite ser más justos y no dejarnos aturdir con tanta facilidad, ni estar pasando de la euforia al abatimiento, del encanto al desencanto.

Gracias a la visión que nos procura la ecuanimidad, no pendulamos tanto anímicamente, somos más fiables y menos parciales e influenciables, sabemos encarar mejor la mudabilidad e impermanencia de los acontecimientos vitales, aceptamos mejor el encuentro y el desencuentro, el éxito y el fracaso, la ganancia y la pérdida, en suma, la dinámica de la vida y cómo todo surge y se desvanece, viene y parte, por eso, de nada sirve reaccionar en exceso y con una constante amargura, desencanto o pesadumbre.

La ecuanimidad nos hace menos reactivos, más serenos y más firmes, con lo cual, por lo menos, no añadimos sufrimiento.

En mis clases de meditación, a menudo los alumnos me preguntan de dónde nace la ecuanimidad. Les respondo con contundencia: «De la visión clara, de la lucidez, de ver las cosas como son». ¿Por qué? Porque la lucidez nos permite ver y constatar que todo cambia, que nada es permanente, que todo se modifica y que de nada sirve no aceptar lo inevitable, reaccionar con neurosis y generar una masa aún mayor de sufrimiento.

El entendimiento correcto o sabiduría desencadena una actitud de ecuanimidad y de libertad interior. Nos recordaba Shankaracharya: «De entre todas las causas, la sabiduría es la única que proporciona la libertad perfecta. La libertad perfecta no puede lograrse sin sabiduría».

La sabiduría, como entendimiento correcto y visión clara, nos permite asumir con equilibrio y sin reaccionar negativamente ante lo que es inevitable, sin empeñarnos en querer modificar lo que no podemos modificar, siendo víctimas de ese gran manipulador ciego que es el ego y que quiere que todo sea como él quiere.

Hay varias leyes inexorables, y dos de ellas son: la impermanencia y la dualidad.

Todo cambia, por un lado, y, por otro, todo está sometido a la ley de los contrarios u opuestos. Como dijo el gran poeta Tennyson: «Lo único permanente es la ley de lo impermanente». Nada dura, todo cambia. En cuanto a la ley de opuestos o contrarios, podemos apreciar que hay amistad y enemistad, encanto y desencanto, alegría y tristeza, blanco y negro, amargo y dulce, agradable y desagradable y así sucesivamente. Solo con una consciencia bien entrenada podemos lograr la conjunción de los contrarios y un sentimiento de unidad. Al ser la vida dinámica, todo está viniendo y partiendo, todo se mueve y se modifica.

La firmeza de mente ante los acontecimientos cambiantes es ecuanimidad. El ánimo estable ante las vicisitudes es ecuanimidad. No dejarse arrebatar por los extremos es ecuanimidad. No reaccionar ciega y mecánicamente es ecuanimidad. No estar condicionado por el apego y el aborrecimiento es ecuanimidad.

Aceptar los hechos incontrovertibles es ecuanimidad, pues nos permite un ánimo más sereno, no añadir sufrimiento al sufrimiento, mantener una visión más clara e imparcial, no turbarse en exceso, mayor equilibrio y mesura.

La ecuanimidad nunca es resignación por la resignación, fatalismo, indiferencia o insensibilidad; todo lo contrario. Si algo puede remediarse, se remedia y, si no, se acepta sin incrementar sufrimiento. Es estabilidad anímica ante la inestabilidad; equilibrio en el desequilibrio, armonía en el caos. Nos dice el *Kularnava-Tantra*:

> El que permanece ecuánime tanto en la censura como en la alabanza, en el frío como en el calor, entre amigos o enemigos, es el maestro del yoga y carece tanto de exaltación como de depresión. El yogui, conocedor de la Verdad suprema, reside en el cuerpo como un viajero, sin apegos, siempre contento, con visión de igualdad, dueño de sus sentidos.

No hay consejera como la ecuanimidad, pues ve lo que es y no lo que quiere o teme o le han dicho que hay que ver. Nos evita caer en los extremos y tener una visión estrecha y parcial. Es un idóneo complemento para la compasión, como esta lo es para la ecuanimidad. Elimina el velo de la ofuscación e ilumina la acción, apoyando el sentimiento de calma en las situaciones de intranquilidad, favorece las reflexiones acertadas y las palabras adecuadas.

Hay una parábola de Buda que lo dice todo. Es la del dardo, que comparto con vosotros y que merece recordarse cuando nos ofuscamos, impacientamos o desesperamos.

Cuando una persona mundana que no conoce las enseñanzas es tocada por una sensación dolorosa, se inquieta y se aflige, se lamenta, se golpea el pecho y llora y está muy turbada, es como si un hombre fuera atravesado por un dardo y seguido del primer impacto fuera herido por otro dardo. Así pues, esa persona experimentará las sensaciones causadas por dos dardos. Ocurre lo mismo con una persona mundana que no conoce la enseñanza: cuando es tocada por una sensación dolorosa (la corporal), se inquieta y sufre, se lamenta, se golpea el pecho, llora y está muy turbada. Así experimenta dos sensaciones: la sensación corporal y la sensación mental. Pero en el caso de un noble discípulo bien enseñado, cuando es tocado por la sensación dolorosa, no se inquieta, no se aflige, ni se lamenta, no se golpea el pecho, ni llora, ni está turbado. Experimenta una sensación: la corporal, pero no la mental. Es como un hombre que ha sido atravesado por un dardo, pero no es herido por un segundo dardo que sigue al primero. Así, esa persona experimenta las sensaciones causadas por un único dardo.

Como he dicho a menudo, la ecuanimidad es una gran, fiable y solvente consejera y nos ayuda a evitar las actitudes, pensamientos y conductas extremas, sabiendo ver los distintos ángulos de las situaciones y circunstancias, con equilibrio de mente, sin reaccionar anómala y neuróticamente, con diligencia, pero con pausa, con disciplina sin compulsión, sabiendo servirse del esfuerzo ecuánime o equilibrado; activa, pero no agitada, porque sabe ser contemplativa y meditativa también en la acción.

Conclusiones

Si el nombre de Patañjali se refiere a una persona o varias, no lo sabemos con certeza ni tampoco es de gran importancia saberlo o no. Si tomó mucho o poco del jainismo, el budismo y las distintas corrientes espirituales del hinduismo, tampoco, porque eso no le roba ni un ápice de su utilidad, practicidad y sabiduría.

Lo realmente importante es que, fuera quien fuese y se inspirase más o menos o utilizara otras enseñanzas, nos ofrece un conjunto de instrucciones y técnicas para poder seguir la senda hacia la cima de la consciencia: el *samadhi*.

También nos brinda, por decirlo de algún modo, consejos para estimular e inspirar nuestro camino hacia la liberación y nos previene sobre obstáculos y corrupciones mentales.

Los dos planos de la pirámide son *yama* y *niyama*; o sea, la virtud o las reglas de purificación y ennoblecimiento. Se puede partir, como una autoimposición, pero se puede llegar a ellos de manera más espontánea, en el momento en que la bruma de ignorancia de la mente comienza a disiparse y surge el entendimiento correcto, que nos hace ver la importancia y la necesidad de una auténtica e insobornable ética. Así, la virtud, *yama* y *niyama*, se convierte en un punto de partida, pero también en punto de llegada, cuando uno se va aproximando al *samadhi* y entiende lo esencial de lo esencial. Como hemos visto, el *samadhi* es la gran recompensa del yogui porque representa su verdadera liberación.

Hablar sobre el *samadhi* es como dar vueltas y vueltas por el laberinto, sin llegar a su centro, y cuando se llega a él ya no se necesitan las palabras, ni los términos, conceptos o suposiciones. Como me dijo un mentor: «El *samadhi* no es una fantasía, no es imaginación, es una realidad».

Por eso, y dado que el *samadhi* es la cima de la pirámide e incluso *yama* y *niyama*, *asana* y *pranayama*, *pratyahara*, *dharana* y *dhyana* son para desembocar en ese estado de pura consciencia o mente supramundana o consciencia mucho más allá de la consciencia ordinaria, debemos intentar indagar algo más sobre el *samadhi*. Sin olvidar que, de acuerdo con Patañjali y otros sabios, no es alcanzable sin la observancia de la disciplina ética, que Buda recomienda junto con la mental y la del despliegue de la sabiduría. Una mente que no está limpia no puede aspirar a la supraconsciencia.

Las corrupciones mentales son graves obstáculos para que la mente logre ir más allá de sí misma o, dicho de otra forma, la supramente no sabe de infamias y miserias. Uno puede lograr un considerable dominio mental, como lo tiene un ladrón cuando roba o un terrorista, un explotador o un estafador, pero ese control mental no conduce por sí mismo al *samadhi*, sino que más bien lo aleja.

El triángulo consta de tres ángulos y es lo que lo convierte en tal, porque esos ángulos son virtud, entrenamiento mental y desarrollo de la visión clara o entendimiento correcto. Es decir, disciplina moral, disciplina mental y disciplina de cultivo de la sabiduría.

El *samadhi* puede suponerse de distintas maneras, desde el concepto, el pensamiento y la creencia. Para el *samkhya-yogui* será el *kaivalya* o desidentificación del *purusha* de la *prakriti*; para el vedantín, será la fusión con el Alma Cósmica o Conciencia Pura; para el *bhakta*, será la unión con el Divino, y así sucesivamente. Sin embargo, hay una forma un poco más definida: liberación. Liberación del *samsara* o lo fenoménico, liberación de la implacable fuerza del karma, liberación de las tendencias nocivas de la mente, liberación de los grilletes del ego, liberación de la ignorancia básica y lo ilusorio, liberación del sufrimiento creado por la mente ignorante, liberación de la falsa personalidad, liberación de las dualidades y el sentido de lo tuyo y de lo mío, liberación del miedo a la vida y a la muerte, liberación (para los hindúes, budistas y jainas) de la cadena inexorable de sucesivos renacimientos y muertes. Para los *kundalini-yoguis* es el definitivo establecimiento de la energía *kundalini* en el chakra de la sabiduría plena e irreversible: el *sahasrara-chakra* o loto de mil pétalos. Es el fin de la servidumbre y, como decían los sabios de antaño, «lo que tenía que hacerse ha sido hecho». Se alcanza, mientras se sigue en el cuerpo físico, un estado de sublimidad, de dicha inefable, de deleite inconmensurable a pesar del sufrimiento de la carne, que comienza a dejar de ser tal cuando desaparece el apego a lo sensorial y la mente se funde en su fuente. Lo que viene tras dejar el cuerpo, eso entra de lleno en el terreno de lo incognoscible y, como no puede conocerse, lo más prudente es callar.

Apéndice 1. Del subconsciente a la supraconsciencia

Aunque las divisiones son artificiales en todo lo referente al mundo interior, para nuestro mejor entendimiento, podemos comparar la mente con una casa de dos plantas y un sótano. Este último sería el subconsciente o trasfondo de la consciencia, la planta baja sería la consciencia y la planta superior sería la supraconsciencia o consciencia superior. Aunque la psicología occidental nunca ha hecho referencia a ese estado superior de la mente, que es la supraconsciencia, todas las técnicas orientales de autorrealización, con una u otra terminología, han reconocido ese plano supraconsciente de la mente que permite el conocimiento supramundano, hacia el cual deben aspirar aquellos que quieran obtenerlo.

No cabe duda de que desde la planta alta de esa casa, que hemos utilizado como símil, la visión es más amplia y más libre que desde la planta baja o el sótano, cuyas fuerzas ciegas y siempre dinámicas pueden llegar a arruinar incluso la vida del individuo. El sótano es el gran depósito de impresiones, vivencias, impulsos, hábitos, asociaciones, recuerdos, tendencias, instintos, toda suerte de experiencias pasadas y emociones. Esta es la mente automática e instintiva, que rige las funciones inconscientes del organismo y que se encarga de todo aquello que ha sido sometido al aprendizaje, con lo cual nos permite realizar maquinalmente lo que antes hacíamos conscientemente, de esta forma ahorramos esfuerzos a la mente consciente.

El plano subconsciente de la mente desarrolla un enorme trabajo, pues se supone que tiene varios niveles y sus funciones y actividades son muy diversas. Como tiene un gran poder de absorción, desde que el individuo nace se va formando con la acumulación creciente y continua de datos y de toda clase de impresiones. La suya es una inteligencia instintiva, si no es una contradicción hablar de inteligencia instintiva, ya que a veces funciona con una precisión y eficacia admirables.

El subconsciente puede ser utilizado como un fiel secretario y puede ser positivamente reacondicionado para que colabore de forma estrecha con nosotros en nuestro progreso interior, aunque la gran mayoría de las personas son en mayor o menor grado siervos de su subconsciente.

Con esa movilidad que lo caracteriza, el subconsciente tiende a salpicar la consciencia del individuo, se inmiscuye y crea interferencias, condiciona la forma de ser y el comportamiento, colorea el sistema emocional con las viejas asociaciones e impone tiránicamente los hábitos que se le han ido fijando. Con frecuencia hay mucho conflicto y desasosiego en el subconsciente hasta que no es refrenado y reeducado. Muchas de sus tendencias son reprimidas por la consciencia a través de un proceso conocido como censura, donde surgen la represión y el malestar psíquico. A veces, a nivel más o menos consciente o subconsciente, se origina una tensa contienda entre ambos. Por actuar subrepticiamente, y podría decirse que hasta con astucia, el subconsciente se sirve de muchas habilidades para imponerse a la consciencia y mediatizarla. Tiende a crear pensamientos, sentimientos y actos compulsivos, y a veces se impone tiránica y drásticamente sobre la persona. Hay conflictos, contradicciones e inhibiciones que residen en lo más profundo del subconsciente y que causan trastornos y síntomas neuróticos, robando la libertad y el bienestar internos de la persona. Frustraciones, traumas, decepciones, todo ello se ha ido fijando en el subconsciente, dando origen a complejos e inestabilidad emocional. También habitan allí el instinto de conservación, el afán de poder, la libido, la codicia, así como la inclinación hacia la elevación interior, hacia la verdad y la tendencia a relacionarse con los demás. La mente subconsciente está siempre abierta a toda clase de impresiones, hasta los últimos días de la vida. Todo la va conformando desde el nacimiento y en ella se deposita lo positivo y lo negativo. Esta mente instintiva, común a los animales, no solo es imprescindible, sino que puede formarse muy positivamente. Algunas personas se refieren a ella como a la mente animal, de una forma peyorativa, pero es un error considerarla de ese modo, ya que el animal, con su mente instintiva, ha demostrado que no posee el mismo afán de codicia ni de poder que el hombre, ni su agresividad y violencia gratuita. El animal jamás mata en masa como tampoco aspira a conseguir más que lo necesario para su vida. Vive y deja vivir, lo cual a veces es bastante más de lo que hacen muchos seres humanos. Todo ello pone de manifiesto que hay niveles en la mente subconsciente que dependen de los estímulos recibidos, la educación, las influencias familiares y socioculturales. En suma, todo lo que va imprimiéndose en el trasfondo de la consciencia. Por otro lado, las elaboraciones intelectuales tienden a filtrarse en el subconsciente, ya que los pensamientos dejan su huella y determinan el comportamiento. Como bien indica el *Maitri Upanishad*, así como pensamos, somos. No cabe duda de que en buena parte somos el resultado de nuestros pensamientos y que, según como sean, así será nuestra forma de ser y nuestra conducta.

Los pensamientos positivos crean positividad en el subconsciente y originan a su vez automatismos y hábitos positivos. El pensamiento constructivo es de suma importancia para la transformación interior positiva del individuo, pues el primer cambio tenemos que efectuarlo en la mente, y si no comenzamos por cambiar allí, todo otro cambio será imposible.

El aspirante debe combatir las impresiones negativas de su subconsciente mediante el cultivo de las opuestas, es decir, de las positivas. El yogui reafirma todo lo que hay de positivo en su subconsciente y tiende a quemar sus latencias negativas, mediante el reacondicionamiento del subconsciente con la ayuda de la concentración y la meditación. Las impresiones y latencias del subconsciente se denominan *vasanas* y *samkaras*. Representan el residuo del subconsciente, resultado de la herencia, las impresiones recibidas a lo largo de la existencia y, para los hindúes y budistas, las impresiones acumuladas de existencias anteriores.

En su incesante observación del centro mental, el yogui descubrió la existencia de ese plano subconsciente de la mente en el que tienen lugar vivencias y fenómenos psíquicos que escapan a la consciencia. Concibió y ensayó técnicas para su reeducación, para su observación, exploración y comprensión. Desde el primer momento, comprendió la importancia de este plano oculto de la mente que, no controlado, podía volverse el peor de los obstáculos en su viaje hacia la autorrealización. Aprendió a aprovechar los poderosos impulsos del subconsciente para sublimarlos y canalizarlos. Su visión del subconsciente fue más amplia que la freudiana, la adleriana y la jungiana, pues buscó servirse de forma positiva de todas las energías, latentes o no, poniéndolas al servicio de la persecución de sus más elevados ideales.

A través de la meditación, el yogui trata de cultivar las cualidades e impresiones positivas y loables para así poder remodelar positivamente su masa subconsciente. A través de la concentración, quema las latencias del subconsciente y fortalece la consciencia para que mande sobre aquel y no se deje perturbar continuamente por su dinámica. A través de las técnicas que desarrollan la atención mental pura y la consciencia, combate los automatismos del subconsciente, se niega a su mecanicidad, le gana terreno y tiende a someterlo. Trata de aprovecharse de lo mucho que puede aportarle la mente subconsciente y de liberarse de la influencia negativa que sobre él pueda ejercer. Muchas de las impresiones que perviven en el subconsciente del individuo deben ser eliminadas.

¿Por qué guardar en el sótano todo lo que está sucio, desvencijado y no sirve para nada? Mediante un comportamiento más controlado y consciente podemos ir cambiando los hábitos negativos en positivos. Si cuesta lo mismo crear un hábito negativo que uno positivo, ¿por qué no inclinarnos por la fijación del positivo?

La influencia del subconsciente sobre la conducta y la consciencia del individuo será tanto más favorable cuanto más positiva sea la suma de impresiones que conserva. Si la sociedad tuviera en mayor estima los auténticos valores y hubiera obtenido una mayor calidad en todos los órdenes, la educación se asentaría sobre otras concepciones y métodos, y el subconsciente de los adolescentes no sería impresionado tan negativamente como lo es, con lo cual se están haciendo hombres negativos y hombres que años después pueden padecer toda clase de trastornos neuróticos y conflictos internos.

El plano de la consciencia le permite al individuo el conocimiento de todo lo exterior a él e incluso de sí mismo. La mente consciente hace posible la cognición ordinaria, pues es la mente racional y trabaja en base a las analogías, comparaciones, deducciones e inferencias. Reporta el conocimiento intelectual, que se fundamenta en el pensamiento binario, es decir, en los pares de opuestos.

La consciencia del hombre ordinario funciona a un nivel mucho más bajo del que puede llegar a funcionar si es sometida al adiestramiento adecuado, puesto que es perfeccionable y desarrollable y el yogui trabaja sobre ella para ampliarla y completar su evolución. A través de las técnicas de interiorización, concentración y meditación, se procede al fortalecimiento y ensanchamiento de la consciencia, lo que automáticamente representa la neutralización de las influencias negativas y latencias del subconsciente.

El desarrollo de la consciencia es uno de los caminos más seguros para combatir los conflictos internos, los trastornos psicológicos y obtener, así, un sólido bienestar interior. El yogui trabaja sobre todos los elementos de su mente racional: el juicio, el discernimiento, la memoria, la imaginación, la atención mental. De ese modo, trata de poner a su servicio todas las facultades de la mente, lo que le sitúa en mejores condiciones para recorrer con fortuna el sendero hacia la autorrealización. Una consciencia desarrollada puede penetrar allí donde la consciencia ordinaria no logrará hacerlo, ya que puede permitir al individuo una firme toma de consciencia de sí mismo y de sus reacciones, favoreciendo su visión interna, y se convierte en un celoso guardián que protege la vida interior del individuo.

La neutralización del subconsciente y el desarrollo de la consciencia van conduciendo al individuo al plano de la supraconsciencia o hiperconsciencia. En potencia, todo ser humano dispone de este plano, pero solo aquellos que efectúan el trabajo adecuado sobre sí mismos logran rescatarlo.

Las leyes que rigen la supraconsciencia son muy diferentes a las que rigen la consciencia ordinaria. La psicología occidental ha ignorado injustificadamente este tercer plano de la mente que es la supraconsciencia, y al cual, sin embargo, de uno u otro modo, se han referido todas las técnicas orientales de autorrealización. Ante todo es preciso decir que el conocimiento superior escapa, por supuesto, a la consciencia ordinaria y solo puede ser atrapado a través de esos medios superiores de percepción que facilita la supraconsciencia.

La consciencia obtiene su conocimiento mediante los órganos sensoriales, siempre sujetos a error, y elabora todo conocimiento a través del intelecto, siempre limitado. La comprensión intelectual es importante, pero en muchos aspectos es insuficiente. Por ello, el yogui se esfuerza en obtener una comprensión mucho más elevada, que es la comprensión supramundana o supraconsciente, que se rige por la intuición y que es independiente de la información obtenida a través de los órganos sensoriales. El conocimiento ordinario es apropiado para percibir y conocer los fenómenos externos; pero solo el conocimiento supraconsciente puede permitir al hombre el conocimiento y percepción de la verdad que habita en las profundidades del ser, y solo ese conocimiento puede proyectarle hacia la última realidad.

El desarrollo del conocimiento intelectual es muy útil y hasta iluminador, pero tiene que conducir al conocimiento supraconsciente. El yogui se somete a un largo aprendizaje para que su mente se haga merecedora de ese conocimiento superior. La voluntad disciplinada combate la dispersión mental y hace acopio de todas las energías mentales para canalizarlas de forma adecuada. Es muy importante aprender a pensar y ser artífice de ese recto pensar al que invitan los sistemas soteriológicos de Oriente. El recto pensar puede evitar muchos problemas internos al individuo, muchos conflictos, muchas contradicciones y muchos errores.

La concentración capacita al aspirante para que penetre más allá de las apariencias, para que escale a los planos superiores de la mente que hacen posible la experiencia de *samadhi*, que sobreviene tras un abismal recogimiento, proyecta a planos superiores de conocimiento y conecta al individuo con la Totalidad. Ese es el despertar al que hacen referencia todas las técnicas de liberación, pues el que lo experimenta se despoja del miedo, la ignorancia, el apego y el dolor. Esa multiplicidad de contradictorias tendencias que hay en el ser humano y que le provocan un continuo desgarramiento se reabsorbe, y el individuo se eleva por encima de su yo físico y su yo mental.

Ese es el mayor bienestar interno y los fenómenos externos, siempre cambiantes y efímeros, no pueden afectarlo. Entonces, el hombre es capaz de gobernarse a sí mismo, liberado de la sujeción de los elementos que lo constituyen.

Apéndice 2. Obstáculos en el adiestramiento yóguico

El yoga exige un proceso de transformación interior que, en todos los seres humanos, encuentra obstáculos que es necesario superar y que no deben desmoralizar al practicante, sino que deben ser utilizados como medios de fortalecimiento interior. Hay que adoptar una actitud positiva y enfrentarlos para superarlos. Los obstáculos son muy variados y se manifiestan de una u otra forma según las personas. Sin embargo, hay algunos que suelen ser comunes a la gran mayoría de los seres humanos, como la ignorancia y el deseo.

Los obstáculos son todos aquellos elementos que perturban las técnicas de interiorización, como la concentración y la meditación, y que tienden a retardar o frustrar la evolución superior. Se pueden clasificar en tres grandes grupos:

a) Obstáculos exteriores.
b) Obstáculos generados en el cuerpo físico.
c) Obstáculos originados en el órgano psicomental.

Como resulta imposible enumerarlos todos y, más aún, estudiarlos, aunque sea someramente, expondremos solo los que son más comunes.

a) Obstáculos exteriores

Son aquellos que encuentran su origen aparte del individuo, pero cuya obstaculizante influencia le alcanza. Pueden ser obstáculos: el trabajo, el ambiente, la forma de vida que se lleve, las relaciones sociales o familiares, las personas con las que se trate habitualmente. Un trabajo demasiado absorbente y preocupante, que extenúe a la persona y que le robe todo su tiempo, no dejándole momentos para las prácticas yóguicas será, sin duda, un obstáculo, aunque ciertamente superable si la persona utiliza ese trabajo karma-yóguicamente, realiza las técnicas de yoga que pueden hacerse en la vida cotidiana y adopta las actitudes internas adecuadas. Un ambiente desfavorable también es un obstáculo, y el trato con personas sin ninguna inquietud y groseramente materialistas puede asimismo ser contaminante y convertirse en un obstáculo. Una forma de vida que exija excesiva dispersión, que no favorezca la concentración, obstaculizará el progreso interior. De la misma manera, unas relaciones familiares o sociales que creen continua fricción y malestar se convierten también en elemento obstaculizante que altera el sistema nervioso y perturba la concentración y la meditación.

b) Obstáculos generados en el cuerpo físico

Son aquellos obstáculos relacionados con el organismo de la persona, siendo uno de los más difíciles de superar la enfermedad, sobre todo si es dolorosa. Indiscutiblemente, una persona enferma tendrá más dificultades para meditar que una sana, lo que no quiere decir que la misma enfermedad no pueda utilizarse como estímulo para alcanzar el bienestar interior. La debilidad física también puede convertirse en obstáculo porque el proceso yóguico exige acopio de todas las energías, y la debilidad representa una merma de las mismas.

Una alimentación inadecuada, al alterar el sistema nervioso y desequilibrar el funcionamiento energético, perturba el órgano psicomental y dificulta la concentración y la meditación. Los hábitos físicos negativos también son obstaculizantes en mayor o menor grado. La tensión física, la respiración inarmónica y la falta de descanso profundo roban posibilidades a las técnicas de introversión.

c) Obstáculos originados en el órgano psicomental

Numerosísimos son los obstáculos que encuentran su origen o se desenvuelven en el órgano psicomental. Patañjali expone cinco de ellos: ignorancia, deseo, aversión, yoísmo y anhelo de vida, considerados todos ellos como fuente de dolor.

La ignorancia es uno de los más graves obstáculos porque, además, es origen de todos los otros. Por ello, podría decirse que es el mayor de los obstáculos aquel que una vez superado permite la superación de otros muchos.

No hay que tomar la ignorancia como falta de erudición, cultura o saber libresco, en absoluto. Un hombre puede haber leído todos los libros de este mundo y, sin embargo, ser un completo ignorante con respecto a la propia naturaleza y a las verdades de orden superior. Hay que entender la ignorancia como desconocimiento de la última realidad, como permanecer atrapado en las apariencias, encadenado a los fenómenos, víctima de todo lo transitorio, ciego a la sabiduría trascendental. La ignorancia engendra compulsión, mecanicidad, falta de una verdadera consciencia, porque envuelve al individuo en lo superfluo, frustra su visión interior, le impulsa a atribuirse cualidades positivas de las que carece y le permite fabricar una imagen falsa de sí mismo.

La ignorancia impide la penetración en la esencia de las cosas, reporta, como máximo, un conocimiento fraccionado, obliga al individuo a vivir a través de su personalidad y no de su esencia, apaga la voz del Yo.

El deseo siempre genera otros deseos. La fuerza del deseo es enorme y, descontrolada, es causa de dolor, frustración, frenética carrera hacia la satisfacción. El deseo es el apego a todo aquello que nos resulta sensorialmente placentero.

El yogui aprende a canalizar sus deseos, a adiestrarse en un fecundo desapasionamiento (que jamás debe entenderse como indiferencia o desinterés), a establecerse en un sólido desapego que le permita relacionarse con las cosas sin depender de ellas, a relacionarse con los seres humanos sin crear morbosas dependencias. El apego descontrolado identifica al individuo con todos sus problemas, con la vida exterior, con los elementos constituyentes de su ser, y así debilita su esencia, la distancia de su naturaleza real.

La aversión es una forma de apego, pues es el rechazo hacia aquello que nos resulta desagradable. El yogui aprende a hacerse resistente al deseo y a la aversión, para no ser así como un péndulo que de continuo oscila de un lado para otro.

La autopersonalidad o yoísmo es la causa de muchos de los males del ser humano porque engendra odios, venganzas, violencia y guerras sin fin. Alimenta el egoísmo, la vanidad y el orgullo. Para el yogui, el ego debe ser trascendido. El hombre debe ir más hacia los abismos de su ser, hacia su esencia que, a diferencia del ego, no crea divisiones ni conflictos. El ego genera codicia, afán de poder. La austeridad y el desapego son medios para ir poco a poco doblegando el ego.

El anhelo de vida hace que el individuo sea su propia víctima, centra todos sus intereses en vivir más que en ser, y por ello se convierte en un obstáculo para la concentración y para la autorrealización. Crea, además, preocupación, inseguridad, temor, apego excesivo, lo que representa tensión e inquietud.

Para el yogui hindú, que cree en la reencarnación, el apego a la vida crea karma y esta implacable fuerza que es el karma le obliga a renacer y retrasa, por lo tanto, su liberación definitiva, que representa la extinción de todo el caudal kármico.

Las emociones negativas son obstáculos y, generalmente, graves, en el sendero de la autorrealización. La envidia, los celos, el odio, la codicia, empobrecen el mundo interior de quien los padece, deterioran la mente, consumen energías y frustran la libertad interior. Pero las dos emociones negativas que más suelen encadenar al individuo son: el miedo y la ira. Numerosos yoguis me han indicado que la ira, junto al miedo, son para un buen número de personas los dos obstáculos más difíciles de superar.

El miedo

El miedo alcanza, de una u otra manera, a todos los seres humanos. Cuando es débil, le llamamos temor, y cuando es intenso, pánico o terror. Puede manifestarse de muchas formas: inseguridad, vanidad, egoísmo, escrupulosidad, tendencia al engaño, pesimismo, timidez, agresividad, hipocresía, fobias diversas, subterfugios, etc.

El hombre tiene miedo: a la vida y a la muerte, a la soledad y a los demás, a la enfermedad, a la vejez, a la pérdida de consideración, al olvido y a muchas otras cosas, algunas inevitables y que, por eso, deben ser totalmente aceptadas. Merece la pena recordar la parábola budista del grano de mostaza.

Una mujer, desolada, fue hasta Buda para decirle: «Señor, mi hijo ha muerto; resucítalo». Buda contestó: «Mujer, acércate a la aldea más próxima y busca una casa en la que no haya habido una muerte. Si encuentras una en la que ninguna muerte se haya producido, pide en ella un grano de mostaza y tráemelo. En ese caso, resucitaré a tu hijo».

La mujer, con cierta esperanza, visitó todas las casas de la aldea, pero no pudo encontrar ninguna en la que la muerte no hubiera llamado a la puerta. Y así la mujer, apenada, regresó junto a Buda. «Señor, no he logrado encontrar una casa en la que no hubiera habido un muerto, por lo que no he podido traerte el grano de mostaza». Y Buda repuso: «¿Lo ves, mujer? Es inevitable».

Ante los acontecimientos inevitables, la aceptación es inevitable, y ella nos permite no crear conflicto, no deteriorar nuestro órgano psicomental. El miedo está en el hombre. Se presenta desde que nace, incluso desde que está en el útero. Representa una alarma para evitar el peligro, el sufrimiento evitable. Es una reacción, que en ocasiones coincide con un riesgo real, pero que en otras es innecesaria o desproporcionada al posible riesgo.

Hay un miedo natural y un miedo patológico. El primero representa una defensa y se desencadena cuando hay indicios de una amenaza para el individuo. El segundo está alimentado por la imaginación, no corresponde a la realidad, se manifiesta en la mente, el sistema emocional y el comportamiento, puede ser altamente condicionante e incluso arruinar la vida de una persona. Este miedo irracional, que alcanza en ocasiones proporciones gigantescas, se desenvuelve en los niveles subconscientes, determina la vida de la persona y da lugar a fobias diversas, insensatos temores, reacciones impensadas, toda clase de supersticiones y obsesiones. El individuo llega a estar completamente en manos de sus temores y todo su mundo interior va perdiendo vigor y salud.

La imaginación es la desencadenante de muchos temores que no deberían tener razón de ser. Cierto es que muchas cosas entran dentro de lo posible, como morirse en cualquier momento, tener un accidente, que haya un cataclismo, arruinarse, perder a un hijo, contraer una larga enfermedad, ser encerrado en un campo de concentración, que surja una cruenta guerra, ser separado de los seres queridos. Todo ello es posible y de hecho sucede diariamente en una u otra parte del mundo. Pero la imaginación lo anticipa para muchas personas y las hace sufrir tal y como si ya estuviesen viviendo el acontecimiento ingrato, cuando quizá nunca se produzca o lo haga de una forma muy distinta. La imaginación anticipa el dolor gratuita e innecesariamente y así son muchos los seres humanos que, víctimas de su imaginación descontrolada, sufren numerosas veces lo que en todo caso solo sufrirían una vez si se produjese.

En mayor o menor grado, todos los seres humanos tienen miedo. El yogui trata incluso en lo posible de superar el miedo natural y, por supuesto, todas aquellas otras reacciones de miedo que son irracionales. La lucha contra el miedo, sin embargo, es muy difícil, pues brota de lo más profundo del subconsciente, y salvo que este haya sido saneado, reeducado y refrenado, será muy difícil situarse por encima del miedo.

El miedo debe ser comprendido, estudiado y observado para de esa forma constatar cómo se produce en uno mismo, cuándo, de qué modo, con qué motivo. Hay que saber sobre su naturaleza, enfrentarse a él, aplicar sobre él el discernimiento, y, sobre todo, utilizar todos los recursos para superarlo, entre otros: fortalecimiento de los ideales, control de la mente, aprovechamiento y regulación de todas las energías, purificación psicomental, perfeccionamiento del discernimiento, etc.

El miedo irracional es un síntoma, por lo tanto, hay que entender que se produce debido a una desintegración psíquica, a la falta de confianza en uno mismo y las propias posibilidades, a la fragilidad de la mente y al descontrol de la imaginación. El desarrollo de la consciencia es la mejor vacuna contra el miedo. Vivir plena y conscientemente es dar la batalla una y otra vez a la mecanicidad del subconsciente. En una mente fuerte, el miedo no encontrará acceso. El hombre debe situarse ante sí mismo, verse tal y como es y comenzar a trabajar por su perfeccionamiento. El trabajo interior va hacia las mismas raíces del individuo y, al quemar las latencias del subconsciente, previene al practicante contra el miedo y otras emociones negativas.

La ira

La ira, al igual que el miedo, es susceptible de una amplia gradación. Formas de ira son, en uno u otro aspecto: la irritabilidad, el afán de venganza, el fanatismo, el malhumor, el desprecio, el insulto, la cólera, la agresividad y la violencia. Por curioso que resulte, el hombre se cree con derecho a todo, como si todo en este mundo debiera estar concebido de forma tal que sea siempre beneficioso y grato para él. Sus exigencias rayan en el delirio. Por ser él, debe ser el más considerado, el más honrado, el más distinguido; nada negativo debe sucederle, ningún acontecimiento adverso debe sobrevenir; todo debe salirle bien y puntualmente. Todo, en suma, debe ser de su agrado. Y cuando no es así, se malhumora, se irrita, grita, vitupera. La irritación se desata, sobreviene algo que contraría al individuo.

La existencia es una suma de acontecimientos, y el hombre no comprende que unas veces son gratos y otras dolorosos, que unos son favorables y otros adversos. Cuando el individuo se ve frustrado en su ambición, en sus proyectos o aspiraciones, se deja arrastrar por la ira, y si esa frustración ha sido desencadenada por otra persona, entonces proyecta toda su ira sobre ella, ya sea en forma de insulto, agresividad, violencia, afán de venganza u otras.

La ira le roba su libertad interior porque es el resultado de una falta de comprensión y de una visión miope. El hombre pierde su compostura, su discernimiento se atrofia y su razón deja de funcionar.

Cuando el practicante va desarrollando su consciencia, aumentando su comprensión yóguica, activando su atención mental y su discernimiento, es capaz de abortar esa emoción negativa que es la ira en cuanto se presenta, elevándose por encima de su influencia, siendo capaz de mantener el auto-control necesario.

Todo aquello que encadena al individuo se convierte automáticamente en un obstáculo, incluso aquellas cosas loables;

nada debe condicionar a la persona ni crearle dependencias morbosas, porque es opuesto a la libertad interior. Los objetos, el sexo, la actividad, las ideas o creencias no deben atrapar a la persona, que siempre debe tratar de encontrar la armonía en su interior, a pesar de todo lo que suceda en el mundo exterior. Son también obstáculos: la tristeza, el descontento, los hábitos negativos, la inestabilidad, la irregularidad en la práctica yóguica, la duda, el descontrol de la mente, los convencionalismos y prejuicios, la búsqueda de consideración, el autoengaño, la impaciencia y el pesimismo.

La tristeza y el descontento son malos compañeros, pues alimentan la depresión y disminuyen la energía. El yoga insiste en la conveniencia de cultivar un estado anímico de alegría, que no solo no interrumpa el proceso de evolución, sino que lo impulse. Por otra parte, la regularidad en la práctica es siempre útil, ya que es la única forma de obtener la maestría necesaria. Todo es más fácil si la persona no es inestable y, sobre todo, si no duda de sus posibilidades y de su propia fuerza. La confianza en uno mismo, la paciencia, la liberación de los prejuicios, el cultivo de hábitos positivos, que sustituyan a los negativos, alimentando y robusteciendo el deseo de perfeccionamiento, son esenciales.

El autoengaño es un obstáculo que puede frustrar la búsqueda de la autorrealización o incluso impedir que se emprenda. Si un hombre no comienza por ser consciente de su estado de semidesarrollo y de sus deficiencias, si se atribuye una serie de cualidades positivas de las que carece, si se cree libre, siendo en realidad cautivo de sí mismo, si cree que controla su órgano psicomental y que es plenamente consciente, entonces nunca hará nada por completar su evolución, por adquirir las cualidades de las que carece, por controlar su órgano psicomental y por vivir con consciencia. Como está engañado, continuará en su estado de semidesarrollo, no aspirará a niveles superiores para su mente y no tendrá ninguna posibilidad de despertar espiritualmente.

Por último, consideraremos el obstáculo que representa dejarse atrapar por la acción y por sus resultados. En general, la persona común no se mueve por amor a la obra, no goza con el proceso mismo de la acción; por el contrario, persigue frenéticamente los resultados de sus actos, porque actúa de forma mecánica, sin plena consciencia, dejando que la actividad lo encadene.

El individuo no aprovecha la acción como medio para favorecer su realización, como ejercicio para ampliar su consciencia y activar su desarrollo. Por lo tanto, la acción termina por alienarle, por alejarlo de sí mismo. La acción se convierte así en un narcótico, que roba la libertad interior y esclaviza. Por el contrario, el yogui utiliza la acción como instrumento para reactivar sus potencias interiores, como soporte para el desarrollo de la mente y el perfeccionamiento del discernimiento. A pesar de la acción, continúa siendo él mismo, sin dejarse atrapar, ni afectar por sus resultados. Actúa conscientemente viviendo el proceso como tal, en el instante, con la confianza de que los resultados sobrevendrán por añadidura. De este modo, la acción no es alienante, sino constructiva para la vida interior de la persona. El yogui es capaz de convertir hasta los actos más insignificantes en un rito. Sin embargo, debe ser capaz de mantener su serenidad y la percepción de su esencia aún durante la actividad más frenética.

El yogui puede desarrollarse interiormente en la soledad, en una comunidad o en la sociedad ordinaria. En los tres medios, posiblemente, encontrará obstáculos externos e internos, pero si sus ideales de integración y libertad son fuertes, no solo no retrocederá ante cualquier obstáculo, sino que lo utilizará como un medio, de la misma forma que el saltador de pértiga se sirve de esta para lograr el salto.

Apéndice 3. Versículos del *Dhammapada*

La mente es la precursora de todos los estados, pues es su fundamento y es la creadora de todos ellos. Si uno habla o actúa con una mente impura, entonces el sufrimiento le sigue del mismo modo que la rueda a la pezuña del buey.

En este mundo, el odio nunca cesa a través del odio; solo cesa a través del amor. Esta es una ley eterna.

Así como la lluvia penetra en una casa mal techada, la avidez penetra en una mente no entrenada.

Gloria para aquel que se esfuerza y permanece vigilante, es puro en conducta, considerado, autocontrolado, recto en su forma de vida y capaz de permanecer en creciente atención.

A través del esfuerzo, la diligencia, la disciplina y el autocontrol, que la persona sabia haga una isla que ninguna inundación pueda anegar.

Atento entre los desatentos, plenamente despierto entre los dormidos, el sabio avanza como un corcel de carreras y se adelanta sobre un jamelgo decrépito.

Esta mente voluble e inestable, tan difícil de gobernar, la endereza el sabio como el arquero a la flecha.

La mente es muy difícil de percibir, extremadamente sutil y vuela tras sus fantasías. El sabio la controla. Una mente controlada lleva a la felicidad.

Así como la abeja liba en la flor, sin dañar su color y esencia, y luego se aleja llevándose únicamente la miel, así el sabio pasa por esta existencia.

El perfume de las flores no se propaga contra el viento, como tampoco la fragancia de la madera de sándalo, del rododendro o del jazmín, pero la fragancia del virtuoso se esparce contra el viento. La de la persona virtuosa se expande en todas las direcciones.

Los necios y las personas de inteligencia inferior se comportan como sus propios enemigos, cometiendo malos actos, que producen frutos amargos.

No os asociéis con amigos mezquinos, no mantengáis la compañía de personas innobles. Asociaos con amigos nobles y conservad la compañía de los mejores entre los hombres.

Como una roca no se mueve con el viento, así el sabio permanece imperturbable ante la calumnia y el halago.

Pocos entre los humanos son los que cruzan a la otra orilla, pues la mayoría solamente sube y baja por la misma orilla.

Como la tierra, una persona ecuánime y bien disciplinada, no se resiente, pues es comparable a una columna y como un lago cristalino. Alguien de tal ecuanimidad escapa a los nuevos acontecimientos.

Más grande que la conquista en una batalla de mil veces mil hombres, es la conquista de uno mismo.

Un solo día de la vida de una persona virtuosa y meditativa vale más que cien años de la vida de una persona inmoral y descontrolada.

Aquel que aprende poco crece como un buey, ganando en peso, pero no en sabiduría.

Uno mismo es su propio refugio. ¿Qué otro refugio podría haber? Habiéndose controlado, se obtiene un refugio difícil de conseguir.

Por uno mismo, se hace el mal y uno mismo se contamina. Por uno mismo, se deja de hacer el mal y uno mismo se purifica. La pureza y la impureza dependen de uno mismo.

Este mundo está ciego y solamente unos pocos aquí pueden ver con claridad. Tan solo unos pocos van al reino divino como pájaros liberados de la redes.

Verdaderamente felices vivimos sin odio entre los que se odian. Entre seres que odian, vivamos sin odio.

Del apego surge el sufrimiento y del apego surge el miedo. Para aquel que está libre de apego, no hay dolor, ni mucho menos miedo.

Uno debe liberarse del odio y debe abandonar el orgullo, pues debe despojarse de todas las ataduras. El sufrimiento no ata al que controla la mente, el cuerpo y sus pasiones.

La sabiduría brota de aquel que se examina cada día y cuya vida es intachable, inteligente y está arropada con el conocimiento y la virtud.

Los sabios se controlan en actos, en palabras y en pensamientos, en verdad, se controlan bien.

Gradualmente, poco a poco, de uno a otro instante de su vida, el sabio elimina sus propias impurezas, como un fundidor elimina la escoria de la plata.

Ver los fallos de los demás es fácil, pero los propios son difíciles de ver. Uno esparce, como la paja, los fallos de los demás, pero oculta los propios como el cazador se esconde a sí mismo.

No es noble un santo si daña a seres sintientes. El que cultiva el amor benevolente hacia todos los seres es tenido por noble.

En verdad, de la meditación brota la sabiduría. Sin meditación, la sabiduría disminuye. Conociendo el doble camino de la ganancia y la pérdida, debe conducirse uno mismo de tal manera que pueda aumentar la sabiduría.

La cizaña daña a los campos como la ignorancia a la humanidad. El que se desembaraza de la ignorancia produce abundantes frutos.

Aquel cuyo apego y odio, orgullo e ignorancia han caído como la semilla de mostaza desde la punta de una aguja, a ese llamo yo noble.